丝路百城传

特立,不独行

"丝路百城传"丛书
刘传铭　主编

THE
BIOGRAPHY
Of
SHENZHEN

未来的世界之城

深圳 传
SHEN ZHEN

胡野秋———— 著

CIPG 中国国际出版集团　新星出版社　NEW STAR PRESS

总　序

刘传铭

如果说丝绸之路研究让我们洞见了一部全新的世界史，一定会有人表示惊讶与质疑；

如果说城市的创造是迄今为止人类文明进程中最伟大的事情，则一定会得到人们普遍的支持与认同。

"丝路百城传记系列丛书"的策划正是发轫于这样一个历史观的文化叙述：

丝绸之路是一条无路之路；

丝绸之路是一条既古老又年轻，"不知其始为始，不知其终为终"的漫漫长路；

丝绸之路是一条历史时空里时隐时现，变动不居，连点成线，连线成网的超级公路；

丝绸之路是点实线虚，点变线变，点之兴衰即线之存亡的交通形态，那些关山阻隔，望洋兴叹的城市，便如一颗颗璀璨的明珠镶嵌在路；

丝绸之路是一个文化概念，叠加其上的影像曾被不同国家不同民族的人们呼作：铜铁之路、纸张之路、皮毛之路、奴隶之路、铁蹄之路、黄金之路、朝贡之路、宗教之路；

丝绸之路是中西文明交流与传播、邦国拓展、民族融合之路，也是西方探秘中国、解码东方之路，更是我们反躬自问"我是谁？我从哪里来？我向何处去？"的寻根之路、回家之路；

丝绸之路是今日中国走向世界的新起点、新思路，是"一带一路"中国倡议走向人类命运共同体的未来之路……

无可否认，一个世纪以来，丝路研究之话语为李希霍芬、斯文·赫定、斯坦因、伯希和、大谷光瑞、于格、橘瑞超、芮乐伟·韩森、彼得·弗兰科潘等东西方人所主导。然而半个世纪以来的大国崛起，正在使"夫唯不争"之中国快速走向文化振兴。我们要将《大唐西域记》《真腊风土记》的传统正经补史、继绝往圣、启迪民智、传播正信，同时也将丝绸之路城市传文学以实为说、以城为据、芳菲想象、拒绝平庸的创作视为新使命、新挑战。让"城市传"这样一个文学体裁开出新时代的鲜花。

凭谁问：昆仑巍峨、河源滔滔、玉山储秀、戍堡寂寞；

凭谁问：旌节刻恨、驼铃悠远、琵琶起舞、古调胡旋；

凭谁问：秦汉何在、唐宋可甄、东西接引、前路正新；

凭谁问：八剌沙衮今何在？罗马的钟声谁敲响；

凭谁问：撒马尔罕的金桃今何在？帕米尔上的通天塔何时建成、何时倾倒？

凭谁问：伊斯兰世界的科学造诣何时传到了巴黎和伦敦；

凭谁问：鉴真大师眼中奈良和京都的樱花几谢几开；

凭谁问：乌拉尔河上何时传来了伏尔加河的纤夫号子；

凭谁问：杭州湾的帆樯何时穿越马六甲风云……

诗人说：这条路是唐诗和宋词的吟唱，是太阳和月亮的战争；

军人说：这条路是旌旗卷翻的沙漠，是铁骑踏破的血原；

商人说：这条路是关涉洞开的集市，是金盏银樽的盛宴；

僧侣说：这条路是信仰鲜花盛开的祭坛，是生命涅槃的乡路……

一个个城市的前世今生，一个个城市的天际线风景，一个个城市的盛衰之变，一个个城市的躁动与激情，一个个城市的风物淳美与人文精彩，一个个城市的悲欢离合，一个个城市的内动力发掘与外开拓展望，一个个城市的往事与沉思，一个个城市的魅惑和绝世风华……

从长安到罗马（大陆卷）和从杭州湾到地中海（海洋卷）是卷帙浩繁的"丝路百城传记系列丛书"的框架结构。也是所有参与写作的中外作家和编辑们共同绘制的新丝路蓝图。《尚书·舜典》有"浚咨文明"之句，孔疏曰："经纬天地曰文，照临四方曰明。"《论语·雍也》曰："质胜文则野，文胜质则史，文质彬彬，然后君子。"又《易经·贲卦·象辞》曰："刚柔交错，天文也；文明以止，人文也。观乎天文，以察时变；观乎人文，以化成天下。"故文化乃"人文化成"而以文教化"圣人之教也"。"周虽旧邦，其命维新"，丛书编纂与出版岂非正当其事，正当其时也！

读者朋友们，没有踏上丝路，你的家就是世界；踏上丝路，世界才是你的世界、你的家园……唯祈丛书阅读能助君踏上这样一个个奇妙无比的旅程。

丝绸之路从远古走向未来，我们的努力也将永无休止。

戊戌谷雨前五日于松江放思楼

为深圳立传，一次幸福的探险 / 1

第一章　深圳有多深？

　　双城记 / 9
　　风雨"二线关" / 15
　　1979 年，那是一个春天 / 19
　　1992 年，又是一个春天 / 26

第二章　城史

　　"深圳"释名 / 35
　　别名"鹏城"何来？ / 40
　　咸头岭那片碎裂的彩陶 / 44
　　从未停止的移民脚步 / 49
　　南宋在这里画上句号 / 55

第三章　寻找城市中心

　　一条名叫深圳的鱼 / 63
　　中心与心中 / 68
　　难舍难分城中村 / 72

第四章　城市之光

传奇者袁庚 / 79

深商列传 / 87

村里的梵高们 / 115

我们的物质生活 / 124

第五章　文化：从沙漠到大海

一匹文化的"骡子" / 131

文化金三角 / 135

为文人造个海 / 139

两所与众不同的大学 / 144

两个文化冠军 / 151

深圳话剧的"阿伽门农" / 155

游走于方寸之间 / 159

第六章　山川与河流

莲花山的守护者 / 167

梧桐烟云与禅院钟声 / 172

小河弯弯向南流 / 178

第七章　古怪的地名

到处皆是"围"与"坑" / 187

家住蛇口 / 193

八卦岭没有八卦 / 199

第八章　街巷记

不眠的巴登街 / 207

中英街：特区中的特区 / 211

我的东门，我的老街 / 217

"亲嘴楼"的情色想象 / 224

第九章　风俗志

恭喜发财，利是逗来 / 231

这盆菜吃了700年 / 236

凉茶非茶也 / 240

基围虾和基围人 / 244

文豪也喜沙井蚝 / 247

第十章　方言说

粤语难于上青天 / 253

方言快要死了吗？ / 257

第十一章　旧屋新楼

情满大围屋 / 263

一座碉楼一卷史 / 269

深圳的天际线 / 273

地标：上海宾馆 / 278

第十二章　人在草木间

市花簕杜鹃 / 285

榕树的辫子 / 290

红树林守卫海堤 / 295

三洲田问茶 / 300

第十三章　灾害祭

火祭清水河 / 307

血色的警告 / 315

第十四章　观念！观念！

观念铸就伟大城市 / 323

2019年，深圳再出发 / 327

后　记 / 333

为深圳立传，一次幸福的探险

试图迅速而准确地描述深圳，是一件困难的事情。虽然它只有短短的40岁，但它的丰富性和复杂性超过中国其他任何城市，甚至在世界上也是独一无二的。

在人类的建城史上，城市都是一步一步叠加式地累积而成，在漫长的累积过程中，建构了城市的自然风貌和人文传统，形成了此城与彼城的分别。

深圳则不然。

准确地说，深圳不是建成的，而是"造"成的，它的出现让人猝不及防，于是人们只能用"一夜之城"来形容它。

"1979年，那是一个春天，有一位老人在中国的南海边画了一个圈"，这首耳熟能详的歌曲，起首便道出这座城市的特别。多年前我写过一本书《触摸：设计一座城市》，当时我在拍一部电影纪录片，采访了和深圳相关的设计师们，片子拍完了，我也得出了结论：这是一座设计出来的城市。你可以想象一下，在一片荒凉的海滩上，搭积木一样地搭出了一座城，而且这座少年之城居然一跃而起,与历史悠久的北上广大佬们平起平坐,被划进一线城市。这样的速度被命名为"深圳速度",在世界建城史上成为叹为观止的孤例。

正是在这个高速旋转的陀螺的带动下,中国的城市化脚步也因此大大加快,我们仿佛弯道超车,就集体地从乡村模式插队进入城市模式。小说家余华在他的长篇小说《兄弟》后记里,写下过这样一段话:"一个西方人活四百年才能经历这样两个天壤之别的时代,一个中国人只需四十年就经历了。"

快则快矣,唯解读便成为万难。

与国内的其他城市相比,深圳具有强烈的飘忽性,比如你到过拉萨、喀什、西安、杭州等,这些城市都有相对成熟的城市风格乃至城市性格,我们甚至可以用一个关键词去给这些城市一个不太离谱的界定,比如神秘的拉萨、大美的喀什、厚重的西安、窈窕的杭州……

但是深圳呢?

至今有太多的人到过深圳,写过深圳,但是却无人能够为深圳找到一个众望所归的关键词。在很多年里,人们认为这里到处是黄金,所谓人傻钱多是也,当年"东西南北中,发财到广东"的人中,有一多半是冲着深圳而来;还有一些人认为深圳是一个暴发户,缺乏底蕴,略显肤浅,这里可以是事业的疆场,但不是宜居的温床;还有人以为这里充满着冒险家的争夺,商人们在尔虞我诈中获得快感,到处是灯红酒绿与刀光剑影,胆小者勿进;当然也有人把这里视为天堂。

而只有在这里生活了一年以上的人,才能明白这座城市的形式与内容有多么的与众不同,随便你怎么想象她,她都在你的想象以外,无论是好,还是坏。

认识一座城,总是由表及里的,正如认识一个人。

我的朋友南兆旭长期致力于研究深圳的生态文化，他在《深圳自然笔记》中对一线城市的自然环境曾有过透彻的比较，他写道："在北上广深四个一线城市里，深圳是唯一同时拥有城区、山岭、溪流、湖泊、森林、田野、古村、海洋、岛屿和中国最美海岸的城市；多样的生境为多样的生命提供了栖息地。"根据南兆旭和他的团队长达10多年的考察，深圳陆地面积只占全中国陆地面积的1/5000，却飞翔着全中国1/5的鸟类，奔走着10%的哺乳动物和20%的爬行动物；深圳的海域只占南中国海的1/10000，生命物种却超过20%。在这块不大的温暖湿润的土地上，50%的土地被草木覆盖，已记载的植物有2979种，超过整个欧洲大陆。

外表之外，内里又如何呢？

在我眼里，深圳是一个对追梦者来说充满魅惑的村姑。她出生在一个小渔村，却多年与一母所生的亲姐妹隔河相望，历史老人最终还是让这对并蒂花一同绽放，她们对走进新时代的人们有着神秘的吸引力，一批又一批年轻人和不太年轻的人都前赴后继地南下寻梦。有的梦做成了，有的梦还在路上。

在我眼里，深圳是一个有点鲁莽的小伙子。这里曾经尘土滚滚、脚架林立，到处是"坑"，到处是"围"，到处是"岭"。然而，对于到深圳寻梦的人来说，这小伙子还是挺帅的。他没有什么不敢试，没有什么不敢闯，创下过辉煌，也犯下过错误，但他始终坦然地朝前走，像背着双肩包的旅行者。

在我眼里，深圳亦是一位性格温和的儒生。这里以读书为荣、以读书为乐，因为读书而受人尊重。从曾经的一书难求，到买书习惯用小推车，每个区都拥有一座巨大的书城，每个社区都有自己的图书馆。图书在这里随处可借，也随处可还。联合国把"全球阅读典范城市"的美誉给了他。

在我眼里，深圳还是一位包容谦让的绅士。他的口头禅是"来了就是深圳人"，这里一直用"英雄不问出处"作为对待陌生人的标准。在斑马线上，踽踽独行的老人不必担心汽车会与之抢道；在纵横交错的街道，迷路者可以放心地向路人问道，他会详细告诉你怎样到达，如果有空的话，他会陪你走上一段。

当然，更多的眼里会有更多的深圳，无论哪一种，都可能颠覆你曾经的想象。

所以您即将打开的这本书，不是一本学术书，不是一本史志书，也不是一本教科书，而是一个人的"读城记"，我用将近三十年的时间阅读这座城市，除了用眼睛阅读，还常常用脚阅读，我愿意把自己读城的感受与您分享。

从文体上，有人会把它归为"文化大散文"，也可能会归为"非虚构文学"，哪种归类并不重要，重要的是我力求重返这座城市的历史现场，把那些即将湮灭的光阴碎片打捞起来，并通过我的重新梳理，让今天的人能够看到一座城的前世今生。使城市与人离得更近些，与人的心不再那么遥远，那么陌生。

我时常会下意识地拿深圳与其他城市比较，如果说北京、上海、广州各是一本鸿篇巨制的长篇小说，那么深圳是什么呢？我觉得深圳就是一台无场次的先锋话剧，当北上广在叙述一个完整故事的时候，深圳每天都在上演着无数各自独立、穿插、互不干涉的话剧，这些桥段既可成为折子戏，又能联袂演出，每场戏都有关联，但也可能冲突。中国的城市中本土居民比例最少的唯有此城，这种与生俱来的碎片化、多元化、杂处化，使得我为这个城市立传时，必然需要选择与其相应的更为自由的结构方式，书中的脉络、章节与文字，同这座纷繁的城市构成了极具象征性的互文关系。

读者完全可以跳着看，无论从哪个章节你都可以进入深圳，都可以获得关于这座城市的印象,但没有一个印象具有唯一性和覆盖性,你只有把它们全部连缀起来,才可以得到这座城市的三维图像。多年前,在全国的话剧会演中,北京有《茶馆》,上海有《七十二家房客》,广州有《三家巷》,他们的共同点是具象的、可描述的,而深圳带去的则与之迥异,这台话剧叫《城市魔方》,只有用"魔方"才可以表述这座城市,"魔方"呈现的不确定性和不可描述性,正是这座城市的恰切象征。

书稿写完了,但我突然觉得好像什么也没写,这个城市虽然年轻,却又似乎怎么也写不完,你刚写了几乎所有重要的事情,却立刻发现还有更多重要的事情被遗漏。深圳既像一个魔方,又像一个谜团,会吸引越来越多的人去阅读、去书写,却仍然写不尽。

写不尽的城市才是最有魅力的城市。

《深圳传》面世的时候,深圳经济特区也快过四十岁的生日了,谨以此书献给我钟爱的城市。

深圳,生日快乐!

胡野秋

2019 年 12 月

草于深圳无为居

The
biography
of
ShenZhen

深圳传

深圳有多深？

第一章

深圳和香港像一对双胞胎，既相互独立，又相似乃尔。

这对举世罕见的相邻城市，它们曾经同体，暂离后依然基因相通、血脉相连。

英国小说家狄更斯写过一部传世之作《双城记》，书中的双城指的是：伦敦和巴黎。《双城记》发表39年后，遥远的东方被硬生生分出了一个双城。香港被从广东的母体上切割下来。

此后，深圳这座城市的命运，便一直与香港纠缠不清，甚至在很多年内，深圳都是作为香港的陪衬而存在的。

双城记

深圳和香港像一对双胞胎，既相互独立，又相似乃尔。

这对举世罕见的相邻城市，它们曾经同体，暂离后依然基因相通、血脉相连。

英国小说家狄更斯写过一部传世之作《双城记》，描写了法国大革命中小人物的命运，书中的双城指的是：伦敦和巴黎。作家通过对这两个城市的文学对比，让读者深刻体味了风云变幻中的血与火。

据说在英国人最初强迫中国割让香港时，道光皇帝曾在太和殿召见刚从广州谈判回来的直隶总督琦善，道光问琦善："香港到底什么样子？英国人怎么那么想得到它？"琦善回答："弹丸之地，小得没法提。"道光追问到底有多小？琦善说："大清是一只大肥鸡，香港只是鸡蛋上的一个小点，拿袖子一抹就抹去了。"

香港就这样被一下子"抹"去了。

狄更斯的《双城记》发表39年后，1898年6月9日，遥远的东方被硬生生分出了一个双城。香港被从广东的母体上切割下来，英国强迫清政

香港（左）与深圳（右）一衣带水

府签订了《展拓香港界址专条》，强行租借九龙半岛界限街以北、深圳河以南的地区，以及200多个大小岛屿，租期99年（至1997年6月30日结束）。至此，香港岛、九龙和新界总面积达1106平方公里的中国领土，构成了今天的香港。

此后，深圳这座城市的命运，便一直与香港纠缠不清，甚至在很多年内，深圳都是作为香港的陪衬而存在的。

经常往返于深、港之间的人都很好奇，怎么两地有那么多相同的地名、路名？

最著名的是香港有个车公庙，深圳也有一个车公庙。

车公，是深港独有的民间口传中的神祇，又叫车公大元帅，传说为南宋一员猛将，在蒙古人南侵时曾一路护驾宋少帝赵昺来粤，因积劳成疾，仙逝于香港，乡民感念他生前对大宋的忠贞英勇，便为他立庙供奉。车公庙两侧门柱上刻有楹联一副：车转普天下般般丑心变好，公扶九约内事事改祸为祥。正月初二为车公诞，每年到此时，香港市民均携家带口，前往祭拜车公，上香、求签、转风车，以祈求转运，不少市民更会买风车带回家,相信可带来一年好运。

可惜现在深圳的车公庙,已不见庙,只余地名,成为地铁、公交一站。

深圳和香港各有一个葵涌。

深圳的葵涌,是客家人的聚居地,常住人口中以潘、黄两姓居多。抗日战争时期,曾是东江纵队司令部所在地。也是远近闻名的侨乡,葵涌的侨胞分布在世界20多个国家和地区。

香港的葵涌,则是一个工业区,内地去香港新机场必经此葵涌。

至于两个塘坑、桥头、蔡屋围、沙头角等,不一而足。原因何在?

不知是否当年被割让土地上的乡民,为了不忘记故乡而起的名字。因为从历史上看,清末的香港地区,人数比北部的深圳地区要少很多,而且在新界、九龙的很多土地,还处于无人耕种与居住之地。从这个角度推断,被分离出去的香港,更有可能是通过地名标识的方式,最大限度地保留对母体的温暖记忆。

在此后被殖民的近百年里,香港和深圳之间依然无法割断。

一条"广九铁路"将广州和香港连通起来,节点正在深圳。

按照各自表述的惯例,香港称之为"九广铁路"。广州—罗湖—九龙,成为清末英国人从中国内地运输物资的最重要的通道。

这条铁路在清光绪二十四年(1898年),经清政府批准兴建,中英商定以罗湖桥中孔第二节为界,分为华段、英段,各修各段。铁路总长为183公里,华段长度占78%,英段长度占22%,所以中方的工程量要比英方大很多。然而因为勘探、设计等,一拖就是九年。其间,由于清政府没钱,迟迟无法开工,便向英国贷款150万英镑,终于在1907年正式动工。

1910年,广九铁路英段竣工通车。

越明年,华段也竣工通车。

广九铁路通车典礼

全线通车仪式选在1911年10月5日，华、英铁轨接通的同时，鞭炮齐鸣、醒狮狂舞。谁也没想到的是，广九铁路通车鸣炮之后仅仅5天，武昌起义打响了第一枪，辛亥革命爆发。勉强撑了四个月，清帝退位，民国建立。剪彩时顶戴花翎的清朝大臣，被身着中山装和北洋军服的革命党人替代了。

广九铁路自此便成为粤港的"亲情线"，这条铁路见证了百年中国史。百年来，广九铁路对于沟通粤港，起到了至关重要的作用。

其中，"三趟快车"对保障香港市民的生活功不可没。

所谓"三趟快车"是指每天有三趟专门供应港澳鲜活冷冻商品的快运货物列车，它们分别发自武汉（751次）、上海（753次）、郑州（755次）。从1962年起，这三趟满载着牲畜、肉禽、蔬菜、水果的快车，每天"定期、定班、定点"到达深圳的笋岗仓库，在这里验关放行香港。当时内地尚处于困难时期，但供港的快车从未停驶，香港人也从未感受到饭桌上的匮乏。

如今,"三趟快车"的蒸汽车头早已变成了电气车头,内地和香港之间的货物运输也早已不止三趟,而且不限火车,海陆空全方位地往返于广九之间。

深圳与香港的双城记,最让人感怀的是诠释了什么叫"一衣带水"。

香港是缺乏淡水资源的,几乎没有天然水源,虽然每年降雨量有2382.7毫米,但远远不足以维持全港日益增长的淡水需求,在开埠前后主要依靠山涧溪水和私人开凿的井水。遇到几次严重缺水后,于1960年开始向广东省购买淡水,此后淡水的主要来源就变成了深圳的东江。

香港人至今对1963年的水荒心有余悸,因为遭遇严重干旱,政府只能租用游轮到珠江口抽取淡水,并对市民限制供水,每四天供水一次,每次供水四个小时,全港市民生活陷入困境。香港水荒引起国家高度重视,当年年底,深圳正式兴建东深供水工程,主旨是为了缓解香港用水困难。

当深圳水库的淡水,带着一丝清甜,不舍昼夜地流入香江,这个被咸水包围着的城市,放心地吸吮着来自深圳水库的母乳。

水是生命之本,而电便是光明之源。

《东方之珠》的歌里唱道:"月儿弯弯的海港／夜色深深灯火闪亮／东方之珠整夜未眠／守着沧海桑田变幻的诺言",香港之所以被称为"东方之珠",很大程度上便因为它的满城灯火、霓虹闪耀。为什么"整夜未眠"?因为"灯火闪亮"。

闪亮的灯火里,最大的电力来源无疑是大亚湾核电站,这个核电站静悄悄地卧在大鹏半岛的东北翼,离香港尖沙咀直线距离51公里,核电站于1987年开工建设,1994年5月6日正式投入商业运行,从它发出第一度电起,便有80%的电力供应香港,20%供应广东。目前,大亚湾核电站的年售港电量，仍占香港社会总用电量的1/4。

香港和深圳，这一对同胞兄弟，从来都没有真正地分开过，即使在那纸冷冰冰的条约下，它们也呼吸着共同的空气，啜饮着共同的母乳。

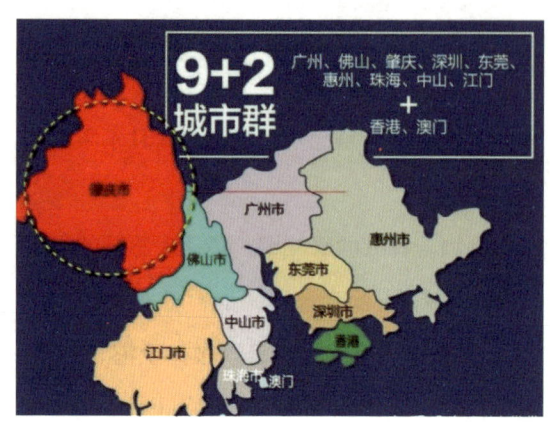

粤港澳大湾区区域图

现在粤港澳大湾区，再一次把它们更紧密地连接在一起。世界上原本有三大湾区：纽约湾区、旧金山湾区、东京湾区，很快会增加第四个：粤港澳大湾区。

曾经的双城记，是深圳与香港的双子星座。

未来的粤港澳大湾区，则可能是深圳、香港、广州、澳门的四手联弹，并串起珠海、佛山、惠州、东莞、中山、江门、肇庆这七个音符，这11个珠江三角洲地区的城市群，总面积5.6万平方公里，2019年年末总人口已达8000万人，是中国开放程度最高、经济活力最强的区域，在21世纪的国家发展大局中具有极其重要的战略地位。

再次想起，狄更斯在《双城记》里的一句话：

"许许多多的分离与结合，就构成了生活。"

风雨"二线关"

在很多国人的印象中,深圳曾经是"国中之国",因为作为中国人,到深圳必须办"边防证",要过武警守卫的"关"。

这道关俗称为"二线关"。

既然有"二线关",那么必有"一线关"。先来说说"一线关"。

"一线关"其实就是国境线,深圳的"一线关"便是指深圳与香港的界限,在1997年香港回归前,那道关就是国门。

那道关是1898年划定的,当时在英国的武力胁迫下,清政府同英国签订了《展拓香港界址专条》。签订条约后的第二年完成了边界勘定。

"一线关"是铁丝网,全长285公里,其中陆地线27.5公里,沿岸线257.5公里。这道铁丝网东起龙岗区南澳坝光,西至宝安区东宝河口。

但因为边境毕竟是自然地形,无法像在纸上画线一般绝对横平竖直,深圳有些犬牙交错的田亩便伸进了港方的区域,所以还设有6个过境耕作口、20个下海作业点,持有辖区户口的深圳人可以凭证去港方的田地耕作、捕捞,属于原住民可以自由进出的"飞地",其中最大的一块飞地是

15

深圳口岸、海关、检查站分布图

沙头角，被设为"边境特别管理区"。

当然，从深圳去香港要过关，这个非常好理解，因为毕竟从法理上说，香港租借给了英国，当时还是英属领土。

可是，为什么从国内其他地方到深圳，还要再设一道二线关呢？是否多此一举？

这就和深圳改革开放的历史进程有关了。

1979年，中央批准设立深圳经济特区，当时划定深圳特区的时候，特区的面积没有今天这么大，也就300多平方公里，而深圳市的另外1600多平方公里土地，便都划到深圳特区范围之外，如宝安、龙岗等区皆与特区无缘。

当初这种制度设计的初衷，是考虑到建立经济特区属于"摸着石头过河"，没有任何借鉴经验，一开始如果摊子铺大了，担心收不了场，如果只在小范围内试验，万一失败可以立刻刹车。而且刚刚建立特区，如果不对各地涌入深圳经济特区的人流加以控制，深圳将会无法承受巨大压力。

于是4年后，一道长达84.6公里的铁丝网建成启用，东起盐田小梅沙、西至南头安乐村。这道高3米的铁丝网将深圳分割成两部分：特区内、特区外。使深圳成为中国唯一"一市两制"的城市。

因此中国人要从国内其他地方到深圳去，必须办一个边防证。边防证其实就是一张纸，上面手写着姓名、籍贯、年龄，但并无照片。

每天在南头、小梅沙等几个关口，除了人头涌动的排队验证进关者，还聚集着大量无证的人，他们心急火燎地四处设法搞证，所谓搞证，其实也就是花钱买证。

有个未经考证的小故事，今天的某房地产大亨，据说当年曾徘徊在深圳特区外，因为没有边防证，进不了特区，而且边防证也卖脱销了，他只好花50块钱，找了一个当地人，被带到铁丝网中段的偏僻处，找到了一个缺口，偷偷进了深圳特区。像这样无证被带进关的人不在少数。

我曾经有几年经常开车去关口接人，因为汽车进出的关口一般只是抽查，大部分可以轻松通过。再到后来，连抽查也不查了，你开车到关口只要稍稍减点速，武警微微一颔首，你就可以安然通过。

2005年，进入深圳特区的"边防证"完成了历史使命，退出了舞台，人们只需凭身份证即可进入特区。

2010年7月1日起，深圳扩大了特区的版图，特区范围延伸至全市，特区总面积扩容为1997平方公里。

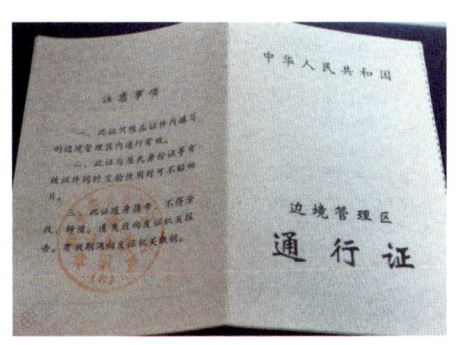

边防通行证

特区已经一体化，"二线关"却依然寂寞地矗立着。

久而久之，大家都发现"二线关"成了鸡肋，当检查者与被检查者都觉得乏味时，游戏便进行不下去了。

八年后，2018年1月15日，国务院宣布：撤销"深

17

武警在"二线关"巡逻

圳经济特区管理线"。

在风风雨雨中存在了35年的"二线关",正式成为历史名词,风流总被雨打风吹去。

虽然"二线关"到2018年才正式拆除,但是大家都清楚,进入21世纪以后,人们心中的那个"关"早就拆除了,这是因为深圳的经验越来越成熟,并且早就被推广到全国各地了,当年的特惠已经变成了普惠,这是历史的进步。

甚至建立经济特区的真正目的,正是为了有一天取消经济特区,或者说让经济特区普及化、举国化。

四十年前,中国制造了一个特区深圳。

四十年后,中国有了更多的深圳。

1979年,那是一个春天

有一首歌在中国家喻户晓。

> 1979年
> 那是一个春天
> 有一位老人在中国的南海边画了一个圈
> 神话般地崛起座座城
> 奇迹般聚起座座金山
> 春雷啊唤醒了长城内外
> 春晖啊暖透了大江两岸
> 啊 中国 啊 中国
> 你迈开了气壮山河的新步伐
> 走进万象更新的春天
> ……

歌名叫《春天的故事》，从它唱响华夏的那天起，便成为中国改革开放的代名词。

歌曲记录了一个改变国家命运的历史转折。

歌词是美好的，现实是残酷的。其实当年改革开放的最初动因，并非源于和风丽日，相反倒是肇始于一场凄风苦雨。20世纪末中国的改革开放，从某种意义上说，是被"逼"出来的。

先倒回一点说，1978年年底，中共十一届三中全会召开，做出了实行改革开放的重大决策。出乎意料的是，一场新的"逃港"潮再次席卷而来，而且这是新中国成立以来继1957年、1962年、1972年之后最大的一次逃港潮。这次外逃风潮被很多当代史学者称为"大逃港"。

为什么逃呢？

原因很简单，封闭的国门开始露出一丝缝隙，在深港边界，深圳有个罗芳村，界河对岸的香港新界也有个罗芳村。更耐人寻味的是，这两个村本就是一个村，很多人还是亲戚，20世纪60年代深圳罗芳村的人跑到了香港，在新界建了一个罗芳村。以前这边的人听到的信息是，那边的人生活在水深火热之中。现在两边通了信息，得知深圳罗芳村的人均年收入是134元，而新界罗芳村的人均年收入是13000元，两者相差100倍。

逃港的村民露宿在香港新界的山上

"内地劳动一个月，不如香港干一天。"一河之隔，却是上百倍的收入差距，于是偷渡者们开始用脚做出了选择，其实是用生命做选择。他们不惜冒着被大海吞噬、子弹击毙的危险，拼命游向对岸。

据统计，仅1979年，从深圳河偷渡外逃累计29万多人次、成功逃出人数7.6万人。面对愈演愈烈的逃港事件，边防部队几乎无力防守。除了海上冒死的泗渡，陆路口岸也有结对闯关的。入夜，边防军在铁丝网处巡逻，离他们不远的莲塘一带，梧桐山的树影里还藏着大批的逃港大军，一旦他们觉得机会来了，便不惜铤而走险。其情可叹，其状可怜，但人在新生活的诱惑面前，谁又能保证能够抵挡呢？

当广东省委把逃港事件报告到中央时，邓小平沉重地说："这是我们的政策有问题，此事不是部队能够管得了的。"

1979年4月，中央工作会议召开。时任广东省委第一书记、省长习仲勋代表广东省委正式向中央提出，要求创办贸易合作区的建议，并希望中央给点权，让广东先走一步，放手一搏。

邓小平对此的回应非常坚决："中央没有钱，可以给些政策，你们自己去搞，杀出一条血路来！"当时对名称问题一时难以决断，叫"加工区"台湾已有了，叫"自由港"忒大胆了些，还是小平一言九鼎："就叫特区吧，当年陕甘宁就是特区嘛！"

于是，深圳经济特区就在"杀出一条血路"的悲壮中出生了。

因此，1979年被称为"深圳元年"。

说来神奇，深圳特区诞生的消息，使广大民众看到了希望，也让一直难以根绝的"逃港风"骤然停止。

吴南生，深圳特区的创建者，原广东省委书记兼首任深圳市委第一书记，现在他回忆这一切时还深深地沉浸于其中："最令人感到高兴和意外的是，在《特区条例》公布后的几天，最困扰着深圳——其实也是最困扰着社会主义中国的外逃现象，突然消失了！确确实实，那成千上万藏在梧桐山的大石后、树林中准备外逃的人群完全消失了！"

建特区需要勇气，但光有勇气是建不成特区的。

当时因为中央的态度是"只给政策不给钱"，所以深圳最缺的还是钱。市委书记吴南生只能到处借钱，他听说了一句话"要想富先修路"，于是便去找港商和香港的银行，但原来爽快的港商和行长们此时集体不痛快起来，他们说："你借钱修路，将来拿什么还呢？"外面的朋友教会他一条，市政建设是由政府拿钱的，投资者是不拿钱的。明白这个道理，吴南生只好转头向内。

那年冬天，国务院副总理谷牧来了，吴南生陪着他在灰尘滚滚的路上到处巡视，那时的深圳连一条像样的马路也没有，吴南生对谷牧总理说："我要做馒头总要有点酵母，没有点酵母我怎么做？你能不能给我一点贷款？至少要修一条好路给人走吧。"谷牧问："你大概要多少钱？"吴南生

风光一时的"深圳免税店"

深南大道今与昔

说:"我也说不清楚,眼下最急用的要几千万元。"谷牧说:"那这样吧,我给你贷3000万元,3000万元你一年也够用了。"过去政府一直信奉的"既无外债,又无内债"的发展模式被市场经济教会了。

就用这贷来的3000万元,开建了深南大道,这条大道至今仍被视为深圳的"长安街""第五大道""香榭丽舍大街"。

路是修好了,不过吴南生一直在想,城市发展不能全靠贷款,要设法让土地能生钱。

深圳内外的人一直都奇怪一件事,罗湖为什么不见湖?

其实当初是有的,既有罗湖,也有罗湖山。

现在罗湖火车站那个地方,原来都是洼地,一下雨就变威尼斯了,连大便都浮在水上,恶心至极。香港来的小姐一下火车,都要把高跟鞋脱下来拎着。当时在东门的新园招待所,集中了全国108个建筑工程师,招待所都是平房,一下大雨,就水漫金山,工程师们就得玩命抢救图纸。工程师向吴南生建议:"吴书记,你敢不敢搬掉罗湖山?如果用罗湖山填平罗湖,这一块就是宝地。"吴南生说:"这有什么不敢的!"又找了很多工程师论证,一致赞成。

于是,罗湖山被搬走,就成了现在的边检站大楼。罗湖山的900万立方米的土，刚好把罗湖填平，以后这一带再没有洪水了。还凭空多出来0.8平方公里土地。这个消息传到香港，港商们都涌过来看，相信口彩的香港人啧啧称奇："08，能发。"吴南生高兴得手舞足蹈："建设深圳，我就靠这块地皮的钱了。"

熟知特区历史的人都说，从1979年开始的第一个十年，完成了深圳的奠基礼。

1980年8月26日，全国五届人大第十五次会议批准国务院提出的设置经济特区，并通过《广东省经济特区暂行条例》，从法律意义上，"经济特区"在中国正式诞生。

所以深圳人常常为自己过哪个生日而乐呵呵地发愁，是1979年，还是1980年？其实这两个生日的区别在于，1979年3月5日，国务院批复同意深圳建市，这就是深圳市的生日；1980年8月26日，是深圳经济特区成立，是深圳经济特区的生日。

或许按中国人的习俗，就把这两个生日算作虚岁和实岁吧。

1979年10月，《纽约时报》刊文称："铁幕拉开了，中国大变革的指针正轰然鸣响。"

1984年1月24日，邓小平第一次南巡来到了深圳。

当邓小平站在深圳当时最高的国际商业大厦22层天台上，他看到了一个欣欣向荣的城市。深圳市委书记梁湘向邓小平汇报了特区建设和发展情况，满以为小平同志会有一番指示，但是小平听完汇报一句话没说。此后在深圳他看了几个地方，也是只看不说，两天后离开深圳前往珠海。深圳人在他下榻的迎宾馆桂园别墅准备了上好的宣纸，可是直到小平同志离开深圳，这张纸仍是一片空白。

小平同志在珠海考察后，提笔写下了"珠海经济特区好"，消息传来，这让深圳人感受到了压力。于是，深圳派员赶到广州珠岛宾馆，希望得到

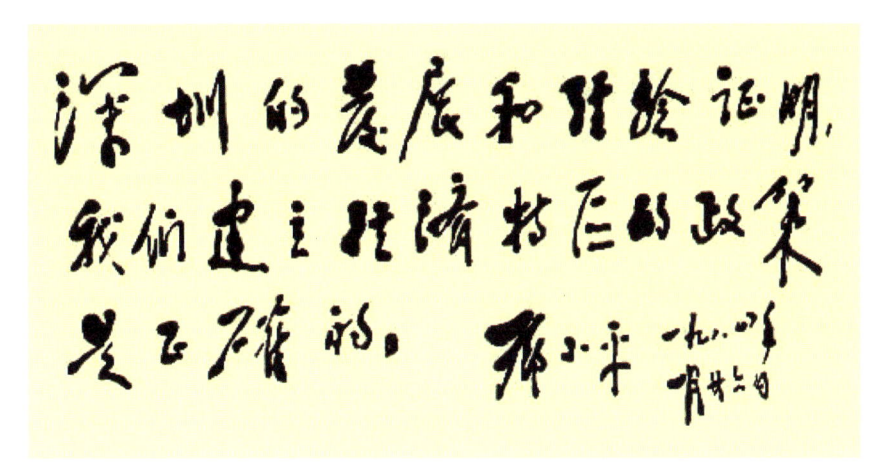

邓小平为深圳题词

小平同志对深圳的评价。

2月1日恰逢大年三十,小平同志终于挥毫为深圳题词,而且是一长句:"深圳的发展和经验证明,我们建立经济特区的政策是正确的。"落款日期是他离开深圳的日子——1月26日。

拿到题词,深圳人心里的一块石头才落了地。

邓小平的这次视察,不仅结束了国内"要不要办特区"以及"姓社还是姓资"的争论,同时对推动全国开放新格局的形成发挥了重要作用。

1984年5月,中共中央、国务院决定开放沿海14个城市,一口气开放了大连、秦皇岛、天津、烟台、青岛、连云港、南通、上海、宁波、温州、福州、广州、湛江和北海共14个沿海港口城市。

深圳不再是孤军奋战。

中国的改革开放事业进入了快车道。

1992年,又是一个春天

《春天的故事》依然在讲述。

经过十几年的发展,深圳已经悄然崛起,做出了许多石破天惊的创举,一举一动都会引起海内外的轰动。

鲁迅先生曾经说:"第一个吃螃蟹的人是很令人佩服的,不是勇士谁敢去吃它呢?"由此,中国人便常常用"第一个吃螃蟹的人"形容那些敢于率先尝试常人不敢尝试的事情的人。

而深圳人就成为"第一个吃螃蟹的人。"

我们先顺着年轮的轨迹,看看他们究竟都做了哪些在新中国堪称"第一次"的创举:

1980年,与港商合作建设的中国第一个商品房小区东湖丽苑正式开工。比全国房改整整提前了18年;

1981年7月,深圳与港商合作建设的国际商业大厦在全国率先试行"工程招标承包制",多年后全国正式实行这一制度;

1982年1月9日,南洋商业银行深圳分行开业,这是中国引进的第一家外资银行；

1983年7月8日，深圳市宝安县联合投资公司向社会公开发行了中国第一张股票"深宝安"，深圳第一家股份制企业诞生；

同年7月15日，蛇口律师事务所开业，这是中国第一家律师事务所。

1984年8月，深圳第一个打破"大锅饭"，在企业实行结构工资制，给予企业分配自主权，让劳动者多劳多得；

1984年11月，深圳在全国率先取消粮油食品凭票供应制度，放开价格，敞开供应。起初人们不敢相信这是真的，圆岭粮店门前天不亮就排起了购粮长队；

1987年4月8日，"招商银行"在蛇口挂牌，这是中国第一家企业自办的股份制商业银行，如今已进入世界500强；

1987年12月1日，深圳敲响了新中国土地拍卖的第一槌，深圳经济特区房地产公司以525万元拍得土地，盖起了东晓花园。4个多月后，全

土地拍卖第一槌，深圳经济特区房地产公司总经理骆锦星（前举牌者）中标

国人大修宪，规定"土地使用权可以依照法律的规定转让"；

1988年5月27日，中国第一家股份制保险企业"平安保险"在蛇口开业，仅有员工13名，如今已进入世界500强；

1988年6月，《深圳经济特区住房制度改革方案》出台，推出"以租促售，以卖为主，鼓励职工买房"的房改方案，这是中国第一个全面实施房改的城市。

1990年12月1日，深圳证券交易所悄然诞生，这是新中国第一家证券交易所。

其实名单还可以开列得更长，这只是管中窥豹。

深圳在一路高歌中飞跑。

他们以为可以一直这样毫无阻挡地飞跑下去。

然而，春天过去了，形势变得微妙起来。苏联解体、东欧蜕变，国内反和平演变的呼声很高，姓社姓资的争论像紧箍咒一样牢牢套住人们的头脑，对改革开放事业冲击很大，深圳作为前沿阵地首当其冲。

一度平息下来的对深圳的质疑声也开始变得公开，有些从未来过深圳的人根据道听途说的信息，判断说："深圳除了口岸的国旗还是红的，其他都已经黑了，变天了。"在民间，有人说"中央要取消个体户了"，"改革开放该收一收了，该抓一抓阶级斗争了"，甚至有人说要取消经济特区。惶恐不安的情绪笼罩在人们心头，整个社会的气氛沉闷压抑。

1992年，深圳终于走到一个十字路口。

中国该走怎样的道路？改革开放的"中国道路"还能否走下去？很多人开始困惑起来。

元旦刚过，一个消息传来，邓小平要再次南巡。

当然，这在当时是最高机密。

1992年1月19日早上，深圳火车站。这一天有点阴冷，雾气弥漫。

小平在国贸旋转餐厅，右一为广东省委书记谢非，左二站立者为市委书记李灏

9点整，一列没有车次编号的列车缓缓驶进。

88岁高龄的邓小平在家人的搀扶下走下车厢，广东省委书记谢非、深圳市委书记李灏一行10多人趋前迎接。

一辆中巴车把老人接到了深圳迎宾馆，88岁在中国被称作"米寿"，因"米"字拆开，中间是十，上下各是八。米寿老人一般不宜出门，更遑论出远门。于是大家都以为小平会先休息一会儿，但老人只在庭院里散步了10多分钟，就急迫地要求到市区去看一看。

于是，先来到了皇岗口岸。

站在皇岗口岸，小平面朝香港方向默然站立很久，这也是他一生中离香港最近的一次。

从次日起，老人开始马不停蹄地巡视深圳。这一次与八年前南巡时显著不同，老人不再沉默，而是一路走一路说。也许老人觉得有些话需要抓紧说出来，不说就来不及了。

作为跟随小平一路采访的唯一记者,《深圳特区报》记者陈锡添用耳、用眼、用心记下了老人的每一句话,甚至每一个表情,此后他在那篇著名的通讯《东方风来满眼春》里独家披露了老人的一系列重要讲话,这一系列讲话就是以后证明对中国未来进程具有决定意义的"南巡讲话"。

在当时深圳最高的国贸中心大厦的旋转餐厅,老人讲道:"中国不搞社会主义,不搞改革开放、发展经济,不改善人民生活,走任何一条路都是死路。改革开放动摇不得,继续发展,人们生活要不断提高,他才会相信你,才会拥护你。我们耽误了几十年,不耽误这几十年,我们的面貌就会很不同了。"

在将要离开深圳的22日下午,老人没有外出,就在迎宾馆里接见来访者。正是在这天下午的谈话中,老人说出了那段分量极重的话:"改革开放从一开始就有反对意见,我说不争论,一争论,就把时间都争掉了。要敢闯,没有一点敢闯的精神,没有一点勇气,没有一点干劲,干不出新事业……现在的证券市场、股票市场,现在又搞这个东西好不好?这是典型的资本主义的东西,社会主义能不能用?允许看,但要坚决地试。搞一两年,看对了,就放开,错了就纠正,关了就是了。关的时候可以快关,也可以慢关,也可以留一点尾巴,怕什么?"

到了珠海,老人仍然继续发表着他的系列论述。

在一艘编号为902的拱北海关的缉私艇的船舱里,他面对广东省与珠海市领导的困惑,第一次明确而坚定地说:"现在的问题主要是'左',但也有右,'左'是根本的。有些理论家、政治家拿着大帽子吓唬人,他们打着革命的旗号,很有欺骗性。'左'的东西在我们党内很可怕啊。"这时他的女儿邓楠在旁边说:"你在历史上几起几落,就是受'左'的迫害。"老人听了,举起右手,伸出三根手指说:"三次啊!"

并且在回答"现在有人说我们搞的都是资本主义市场经济那一套,是典型的资本主义"的疑问时,老人说:"计划经济不等于社会主义,资本主义也有计划;市场经济不等于资本主义,社会主义也有市场。计划多一点还是市场多一点,不是社会主义与资本主义的本质区别,计划和市场都是经济手段。社会主义的本质是解放生产力,发展生产力,消灭剥削,消灭两极分化,最终达到共同富裕。"

据亲历者回忆,当此话刚刚落音,现场爆发出一阵热烈的掌声。

1月28日上午,在拱北口岸的粤海大厦最高处的旋转餐厅,小平讲了一句带有调侃的话:"谁反对改革,就让谁睡觉去好了。"

最后一天的行程结束时,当老人慢慢地走向停候的小巴,即将上车时,又转过身来,对送他的人们说:"你们现在是个好机会,你们要抓、要抓,我们国家已经穷了几千年了,是时候了,不能再等了,我们对国家要爱啊,对人民要爱啊。"

现在重新梳理将近30年前的这番振聋发聩的话,我们既庆幸又后怕,假如没有当年的这些果决、犀利的思想成果,改革开放将可能夭折,那么今天的中国还会有这番景象吗?

1992年,中国选择了一条继续改革下去的正确道路。

就此,开弓便绝无回头箭。

接下来这一年中国发生的大事,都与改革开放有关,都与深圳有关。

"小平南巡讲话"之后,3月8日,中国又开放了13个沿边城市、镇。包括黑龙江省黑河市、绥芬河市,吉林省珲春市,内蒙古自治区满洲里市、二连浩特市,新疆维吾尔自治区伊宁市、塔城市、博乐市,云南省瑞丽市、畹町市、河口市,广西壮族自治区凭祥市和东兴镇等。

沿海城市与沿边城市终于会师,这基本上是中国的全部边关,它们携手为中国的改革开放画上了一个饱满的同心圆。至此,封闭了几千年的神秘的中国,终于全方位向世界敞开怀抱,一个新纪元开始了。

同年7月1日，第七届全国人大常委会第二十六次会议正式授予深圳经济特区立法权，经济特区立法权的最大特色就是先行先试权，这一下子就为深圳松了绑，以前经常困惑、踌躇的事情，现在已经有了法制保障，这个进步具有划时代意义。

深圳没有辜负历史给予的机会，不断刷新着城市发展的纪录，并不断创造出一个又一个足以让人惊叹的奇迹。

1979年建市之初，深圳GDP不到两个亿。

2019年，全市GDP已经超过2.4万亿，跻身亚洲城市前五。

深圳传
The biography of ShenZhen

第二章 城史

深圳的别名叫"鹏城"。

大鹏其实是一种想象出来的大鸟，有点类似凤凰，是远古人类对鸟类图腾崇拜的符号化存在。在中国文化中，大鹏是个富有刚猛之气、向往自由的神物，最初描述它的是庄子。

庄子在《逍遥游》中写道："北冥有鱼，其名为鲲。鲲之大，不知其几千里也。化而为鸟，其名为鹏。鹏之背，不知其几千里也。怒而飞，其翼若垂天之云。"

咸头岭沙丘遗址，就是深圳故事的源头。

"深圳"释名

深圳，也许是当今中国最知名的城市。

"北上广深"业已成为一个挂在常人口中的固定词组，北京、上海、广州、深圳共同构成了中国城市群中的第一方阵，它们被简称为"一线城市"。

但与深圳比肩的其他三座城市，一座是首都，另一座是直辖市，还有一座是省会，唯独深圳是一匹黑马。

人们对这匹黑马几乎来不及打量，它给人的印象除了年轻还是年轻，仅仅在40年前，几乎没有人听说过这个城市的名字。甚至在世界范围内，它也是城市建设史上的一个奇迹。因为我们似乎从没有听闻一个城市只用了40年，就从一个30万人的小城扩张为2000万人的超级大都市。

也许正因为这匹黑马来得太快，人们对它的印象便定格于40年前，定格于我们常常从媒体上读到的有限的信息：深圳是改革开放的产物，1979年宝安县撤县建市，才有深圳市。甚至人们已经习惯了媒体上的绰号"小渔村"，但深圳真的在改革开放以前只是一个小渔村吗？

20世纪80年代的老东门，深圳墟原址

关于"深圳"这个市名，这些年流传过不少搞笑的版本，我曾亲身经历过一次会议，一位地市级领导在传达关于推广"深圳经验"的中央文件时，脱稿时口头说"深圳"两个字准确无误，但低头念稿时便读成了"深川"，如此抬头低头之间，"深圳""深川"便在舌间往返穿梭，引得台下面面相觑，不知此圳究竟何为正音？想起汉字形声字居多，于是一直遵循"有边读半边，没边读中间"的习惯，大部分都能将就过去。这位市长大人也许秉承了"读字读半边"的光荣传统，所以犯了这个小错。这个误读延续了很多年，直到近些年才基本消除。

一座城市让一个不常用的汉字复活，这也是另一种奇迹。

笑话归笑话，弄清"深圳"这个地名何时产生以及寓意何为？却不是一件轻松的事。

其实，深圳这个地名古已有之，从目前所能查到的史料看，"深圳"最早被史籍记载是在清朝康熙二十七年（1688年）《新安县志》，在地理志内"墟市"条目下的"深圳墟"，当时是一个村庄的名字，从那时算起,"深圳"这个地名至少已经存在331年了。另有一说是明朝永乐八年(1410年)即已有此地名,但尚未能查到确切文字记载,只能暂时存疑了。

但根据"深圳墟"记载的时间推断,深圳地名应该是在明代后期至清代初期就存在,这是基本无疑义的。

"深圳"的含义是什么呢?

顾名思义,"土"指田土,"川"指"归向大江大海的水流"。"土"与"川"的结合表示:田野间通向江海的水道。简言之,"圳"即是"田间水沟"的意思,"深圳"也即"深深的水沟"。

"圳"字在岭南其实是常用字,深圳、梅州、惠州等地以之构成的地名比比皆是,如圳上村、圳头村、石圳等。离开了广东的粤语区域,这个字才逐渐稀少起来。

此后,在康熙二十七年(1688年)的《新安县志》中,也有了"深圳墟"的记载。"墟"就是集市的意思,经过一百多年的发展,在如今深圳的区域内涌现了36个集市,其中最著名的是四大名墟:深圳墟、清平墟、观澜墟、东和墟。深圳墟位于今天的东门街道,清平墟位于沙井街道,观澜墟位于今天的观澜街道,东和墟位于今天的沙头角街道。

目前这四大古墟中,只有观澜墟保留了清末的集市旧痕,其他三个墟都已不复当年的容颜了。

当年的深圳墟之所以成为众多集市中最具规模、最有魅力的集市,最重要的原因在于它得天独厚的地理位置。深圳河与它的三条主要支流(大沙河、双流河和清水河)冲刷出一大片平坦的谷地,深圳正好位于这个谷地的中心。而且,有三条连接深圳和香港的道路(元朗至惠州、南头至沙头角、布吉至九龙)都在这里交会。

这样的优越地形,也使深圳墟当仁不让地一跃成为广东省内著名的集

37

东门广场《老东门墟市图》（局部）

市。其繁盛程度远远超过周边的其他集市，拥有东、南、西、北四门，最为繁荣之所是东门一带。如今深圳的商业中心区之一东门老街，便是由此发展而来的。

从清朝中期开始的两百多年间，每到农历的二、五、八日，深圳墟便迎来一片热闹的"墟日"（赶集日），到了赶集的日子，四面八方的人都会汇聚到东门老街的深圳墟，他们肩扛手提，带来丰富的海产品和农作物，在这里交换各自需要的生活用品和生产物资。

这是一幅巨大的铜版浮雕《老东门墟市图》，我曾站在东门老街的中心位置，面对这幅巨型的壁画，寻找当年深圳墟繁荣的印记。

从这幅图上，清晰可辨"鸭仔街""猪仔街""西和街""渔街"等商业街道的昔日繁华，人们在"多仁米铺"前买米，在"大来金铺"前秤金，在"怡和海鲜货栈"前交易生猛海鲜，当然更少不了在"四季花店"前选摘露水欲滴的鲜花。

"深圳"就这么一直并不寂寞地繁荣着。

至少在中华人民共和国成立后，宝安县的县城便在深圳镇。

一些喜爱看黑白电影的影迷，应该还记得 20 世纪 60 年代，有部电影叫《秘密图纸》，那是一部反特片，今天我们习惯称之为谍战片，其中有个特务说了句台词："我明天要去深圳。"指的就是到宝安县城的深圳镇，到东门老街附近的罗湖桥与香港来的特务接头。这也许是当代最早涉及"深圳"地名的文艺作品。

如此看来，谁还能妄言"深圳"年轻呢？

在很多人的眼里，深圳也许是横空出世的现代商都。但实际上，在它历经600多年的烟尘以后，深圳其实是依然健在的古代商业文明的标本。

中国的改革开放，把它从南方以南的深水里打捞出水面。

历史选择了深圳，绝非偶然。

别名"鹏城"何来？

中国的城市都有别名，概无例外。

如昆明四季如春，叫春城；重庆依山而筑，叫山城；拉萨因位于青藏高原终日沐浴日光，叫太阳城；广州因传说有五羊衔穗降福，叫羊城。至于叫"龙城""凤城"的更能牵出一串。

每个城市的别名，都包含着祥瑞和期待。

深圳的别名叫"鹏城"。

大鹏其实是一种想象出来的大鸟，有点类似凤凰，是远古人类对鸟类图腾崇拜的符号化存在。在中国文化中，大鹏是个富有刚猛之气、向往自由的神物，最初描述它的是庄子，庄子在《逍遥游》中写道："北冥有鱼，其名为鲲。鲲之大，不知其几千里也。化而为鸟，其名为鹏。鹏之背，不知其几千里也。怒而飞，其翼若垂天之云。"翻译成白话就是：北海里有一条鱼，它的名字叫鲲。鲲非常大，不知道有几千里。鲲变化为鸟，它的名字就叫作鹏。鹏的脊背，也不知道有几千里长，当它振翅而飞的时候，翅膀就好像挂在天边的云。

庄子是浪漫的，文字也极尽诗人的想象。但这种由大鱼幻化而成的巨鸟，却在中华文化中经过代代相传，逐渐成为一种具象的神一般的存在。

无论人们多么崇拜这种神奇的大鸟，但谁也没有真的见过它。

那么，深圳究竟为什么叫这个别名呢？

又从什么时候被称为"鹏城"的呢？

目前最流行的说法有三种。

其一，认为是"大鹏所城"的简称。因为明洪武二十七年（1394年）设立"大鹏守御千户所城"，距今626年。

其二，认为是因"大鹏湾"而得名，传说很久以前，有一只在空中翱翔的大鹏飞至南海边，被这里的秀丽风景所吸引，于是以此为家，它昂扬的头变成了大鹏山。这也与《逍遥游》中"鹏之徙于南冥也，水击三千里"相吻合，按照庄子的安排，那只健硕无比的大鹏从北海启程，目的地便是南海。它劲展的双翼西边成了大鹏湾，东边成了大亚湾；它坚挺的尾翼化成了排牙山；它健美的身躯就成了今天的大鹏半岛。假如您设想一下

大梅沙海滩"梦想的翅膀"雕塑

自己身在半空，便可见大鹏湾位于深圳和香港之间，东边的深圳大鹏半岛与西边的香港九龙半岛，如两只手臂将这泓湛蓝的海水温柔地拥抱于怀。

其三，由上一个说法延伸出来的"象形说"。在有些人看来，深圳的别名叫"鹏城"，是因为大鹏半岛和九龙半岛舒展开来，构成了大鹏湾的两翼，它们像极了庄子笔下"其翼若垂天之云"的那个大鹏鸟。

于是人们有理由认为，这三者定是"鹏城"名称的由来。

但如果撇去浪漫主义的泡沫，我们理性地分析一下，大鹏所城是明朝的军营，按照古代建筑的一般命名规律，均会依照属地原有地名命名，正如当今在深圳西部南山区的南头村，还有一座与大鹏所城同时期的"南头千户所城"。所以"大鹏"地名一定在建"所城"前便已有之，应该是个村落的名字，大鹏所城因为大鹏村而得名。

这与今天人们的理解正好相反，深圳不是因为"大鹏所城"而得名鹏城，恰是因为先有大鹏村而后命名了大鹏所城。

至于大鹏湾，离今天应该就更近些了，在古代我们还没有明确的海湾概念，即使有"湾"和"涌"等字样，那也只是指小湾、小涌而已。在明朝的海图上，我们还看不到标注"大鹏湾"，而在晚清以前，海图上同样没有"大鹏湾"。

"大鹏湾"的名称与"大鹏所城"的关系密不可分，因为在海湾被标注前，地图上常常有"大鹏所"的字样，标注着这个虽已名存实亡，却仍让英国海军心存忌惮的军事要塞。

"大鹏湾"在地图上的现身，最早出现在光绪二十四年（1898年）中英签订《展拓香港界址专条》之后，在此之前因为深港同属一地，所以地图上并不特别标明海域，但因为要割让领土，自然必须分清与土地相连的海洋，加上英国是当时的世界第一海洋帝国，具有极强的海洋意识，所以海湾自然也就开始命名并标注了。

这是一段手足分离的惨痛历史，后面再来说它。

大鹏半岛的陆地面积为294.18平方公里，海岸线长度达到了133.22公里，被称为深圳的"黄金海岸"，蜿蜒伸展成一道优美的弧线，曾被《中国国家地理》杂志评选为"中国最美八大海岸"，这条海岸线像一条金色项链悬挂在蔚蓝色的南海颈项。

大鹏海岸包含了东涌、西涌、杨梅坑以及南澳四大地域，这里沙质细软、礁石林立，海边景色融山光、水色、林涛、海风、潮音、征帆、鸟语、花香为一体，有如"蓬莱仙境"；陆上山峦起伏、云雾缭绕、林密鸟众、草茂流清，好似"世外桃源"。

深圳虽起于农耕文明，没有赶上"大航海时代"的脚步。但在"一带一路"的新时代，它已经做好了向深邃的海洋挺进的准备。

"鹏城"这个别名早就预言了这一天的到来。

咸头岭那片碎裂的彩陶

咸头岭，是个很土的名字。

但这个名字把深圳的历史向前推了 7000 年。

多少人都在深圳寻找故事，但他们只在寻找现代故事，最多也只幻想找到某个朝代的故事。但做梦都不会想到，这个城市的故事竟然能藏在大鹏海边的一方荒凉沙丘上，在一片片破碎的陶块上，有黑陶、白陶，还有彩陶。

1982 年的夏天，当一支考古队来到大鹏半岛东北端的咸头岭村时，他们没想到自己居然踩在了远古的沙丘上。

考古学界有一个术语叫"沙丘遗址"，指的是分布在沿海或岛屿的沙滩、沙堤、沙洲上的遗址，这些以不同时期的沙质为主要堆积物的沙丘，埋葬着不会说话的器物甚至化石，历史的密码便储存于此，无论什么时候，你一旦激活他们，他们就会苏醒过来，并向你讲述那些尘封千年的故事。

咸头岭沙丘遗址，就是深圳故事的源头。

咸头岭遗址发掘现场（左）、白陶杯（右）

    至今我还清楚地记得，我曾经跟随深圳博物馆的馆长走进他们壁垒森严的藏品库，看到他们顶着毒日、淋着暴雨挖掘出来的那些宝物。那些坛坛罐罐被放在博物馆的几个巨大的木橱里，器物大部分是经过修复的，还有一部分过于残破无法修复，只能散落地呈现原始状，名副其实是"文明的碎片"。据说在远古的母系氏族里，狩猎归男人，陶器大都是女人做出来的，所以我情不自禁地拿起一个陶杯摩挲着，想象7000年前正由某个女人用泥巴捏出它，那种时光穿越的感觉很奇特。

    馆长告诉我，咸头岭的发现不仅是把深圳的历史向前大大推进，甚至也建立起环珠三角地区新石器时代距今7000年到6000年考古学文化分期与断年的一个重要标尺，证明这里是珠三角地区最早的文化，呈现了这里最早的人类活动。所以，2006年深圳咸头岭新石器时代遗址入选"全国十大考古新发现"。

    我一次次地来过咸头岭遗址，看这里的红烧土，看发掘出来的房址、土灶、彩陶、白陶、夹砂陶片，还有数量可观的石器，那些石刀、石斧、陶尊、陶盆、彩陶圈足盘，都在争先恐后地讲述它们曾经的繁忙，在层次分明的沙层下很深的地方，还有多少更加精美的陶片和奇巧的石器，仍然

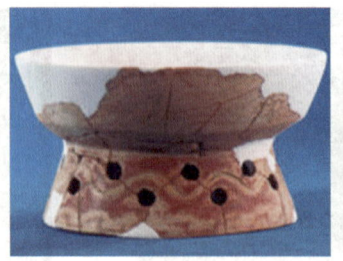

釉陶尊（左）、彩陶盘（中）、树皮布石拍（左）

还酣睡在它们的梦里呢？

后来，我不止一次造访过咸头岭，在那方看起来平淡无奇的沙丘上反反复复地转圈，惊叹于人类在大自然异常严酷的时代，就已聚集到这块近海的沙滩上生活、生产，在这几乎是天涯海角的地方为我们开发了一方休养生息的乐土。据史料记载，7000年前的新石器时代中期，古南越先民就已经在这里结成社群开始集体生活。当时中国各地都处在暖湿的气候控制下，平均温度比现在高2.71℃，植被繁茂、动物品种丰富，催生了华夏远古人类的繁衍、进化。

珠江流域的咸头岭文化，与同期黄河流域的仰韶文化、长江中下游的马家浜文化，交相辉映，建构了早期华夏文明的大厦。过去学历史时，我们认为中国古代文明史的源头是黄河文明，后来逐渐加入了长江文明，现在终于明白珠江文明也与那两支文明一道汇入中华文明的海洋，中华文明不再是单箭发展，而是多箭齐发、南北并进。

从已经出土的文物分析，这里的先民主要的生活方式便是原始农业和渔业。从咸头岭遗址向北10公里，在葵涌还有个略晚些的大黄沙遗址，这里出土了炭化的粮食颗粒，证明此地的古越族先民已经掌握了种植农作物技术，并且可以依赖它们填饱肚子。

此外，从深圳的多个遗址都发掘出新石器时代的网坠，这些用椭圆形鹅卵石打凿而成的亚腰形网坠,与现代的渔具极为相似,佐证了当时的渔民已经学会了用渔网捕鱼。

更让人称奇的是,在咸头岭遗址上,考古学者们发现了当年在沙丘上夯房基、挖柱洞的遗迹,从房基、柱洞的分布和走势初步推断,这种原始的民居大约为圆锥式窝棚。解决了吃的、住的、用的,先民们也可以安居乐业了。

有了咸头岭灿烂的开始,深圳整个的早期文明便不乏绚烂和多彩。

从商代起,中国进入了农业、手工业乃至艺术品空前喷发的年代,我们有了青铜器,有了甲骨文,有了彩纹陶……

深圳也绝不寂寞。

面对人面纹青铜匕首,我们看到人物头像已经可以如此立体地构成匕首柄;面对夔纹大陶罐,我们看到了几乎完美的几何图案;面对这一排青铜矛、青铜戈、青铜剑,我仿佛能感受到耳边有一道寒风掠过;还有这个

梅瓶(左)、青铜钺(右上)、青铜矛尖(右下)

梅瓶，一个无比圆润和完美的梅瓶，黄色胎底上用彩色釉料画着一蓬鲜活的梅花，四周缠枝环绕，生意盎然……

历史是个寓言家，当7000年前的咸头岭还在独守一隅探索人类生存的最基本问题时，未曾想到经过漫长岁月的载浮载沉，这方快要被遗忘的土地再次聚拢起人气，开启了探索人类如何高质量延续下去的新旅程。

命运在这里又一次转了一个圈，完成了一次螺旋式上升。

从未停止的移民脚步

众所周知,深圳是移民之城。

"移民城市"是深圳的标签。

但大多数人以为,是改革开放开启了它的移民史。实际上深圳的移民史足足有2200多年之久。

从秦朝开始,深圳经历了六次大移民,完全可以说,这里自古就是移民之地。这六次迁徙的浪潮,让北方的移民从黄土地移居到这块靠近蔚蓝海洋的大陆南端。

在没有大规模移民之前,这里是古代南越国人的居住地。

早在新石器时期,中国的南方沿海一带便有了古人类居住,这个历史悠久的民族,就是史籍上所说的"越族"。越族并非单一民族,而是由众多具有共同文化特征的种族、部落组成的人群,因其极为庞杂,故称之为"百越"。

深圳的早期居民便属于"百越"民族的一支,被称为"南越国"。不过因为南越气候恶劣、土地蛮荒,因此人口稀少。

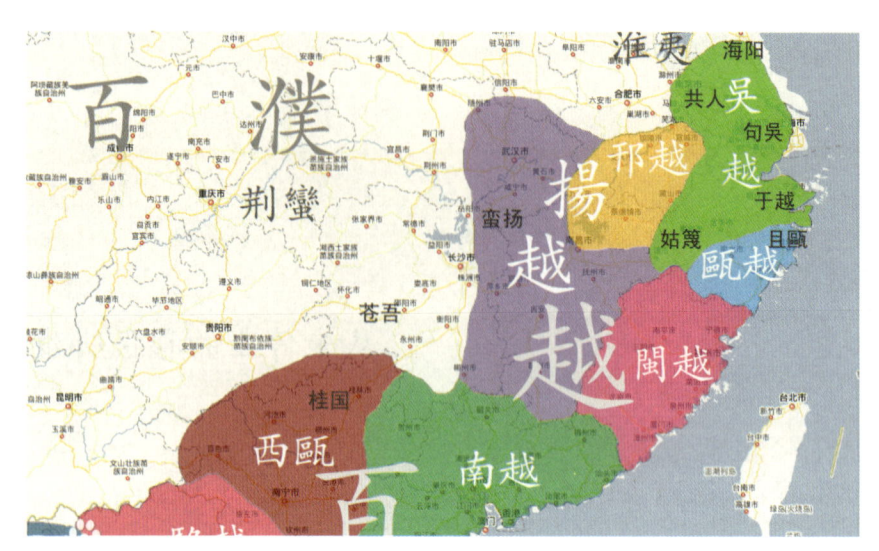

古南越国疆域图

第一次移民潮来自秦朝，距今大约2200多年。

公元前219年，已经平定六国的秦始皇，发动了征讨南越的战争，殊不知这次南征竟成为秦朝统一战争中最艰难、最惨烈的一仗。先派大将屠睢为主将、赵佗为副将，率50万大军南征岭南，不仅秦军大败，主将屠睢还丢了性命。于是秦始皇又派出任嚣为主将，仍然搭档副将赵佗，五年后终于平定岭南。并设岭南三郡：南海郡、桂林郡、象郡。

深圳地区便属于南海郡。

人口本就稀少，加上战争使青壮年几近灭绝。于是朝廷便从中原迁来50万人。不过，与其说是迁移，还不如说是流放，因为当时的岭南相对于生活安逸、富庶的中原地区，简直有天壤之别。

于是组成第一批移民大军的是三种人：第一种人是被革职的官吏和朝廷钦犯，发配到岭南在当时是一种惩罚手段；第二种人的数量最多，是"贾人"，也就是商人，在秦朝商人的地位极低，甚至被归为贱民，这种对商人的偏见在漫长的中国封建社会一直延续到明朝；第三种人很有些意思，当时在移民的时候为了避免性别过于悬殊，南海郡曾向朝廷一次申请分配3万名单身女人，理由是"为驻扎岭南的士兵缝补衣服"，既为平衡男女失调，又为稳定边疆军心。于是，一批批的中原寡妇和单身女性，也加入了最早的"支边"队伍。

第二次移民潮在汉朝，尤其是西汉覆灭后，经过王莽篡权后所谓"新政"的折腾，社会动乱加剧，虽然东汉一度经历光武中兴，但最终在皇权争斗与外族侵扰下，北方居民纷纷南逃避祸。距今大约1900年。第二次移民潮的主体是北方农民，他们带来了中原的农业技术和生产工具以及农作物的种子，使得岭南地区的农耕文明程度有了实质性的提升。

第三次移民潮发生在西晋时期。当时西晋的皇族进入权力争斗的白热化，史称"八王之乱"，这是中国历史上最为严重的皇族内乱之一，长达16年的内乱对当时的社会经济和人民生活造成严重的破坏，并直接导致了西晋亡国以及此后将近三百年的动乱。西晋自乱也给匈奴及其他少数民族制造了长驱直入的机会，使得中原生灵涂炭，在距今大约1700年的永嘉年间发生了著名的"永嘉南渡"，这也是中国历史上第一次大规模的居民南迁。

在这次南迁中，主要的移民留在了长江流域，但还有少数移民继续南下，直至珠江流域的岭南包括深圳地区。第三次移民是前几次移民中整体素质最高的，除了

元兵犯宋，引发第五次移民潮

普通的城市与乡村居民外，还有大量的中原士族以及官宦之家。

他们的进入让这个地区更加具有成熟社会的雏形，并进而有了行政管理的需求，深圳的前身宝安县的设立，也正是在这批西晋移民之后的东晋咸和六年（331年），这也是深圳地区第一次以行政区划的模式被捏合成形。

此后移民的步伐暂时停止了，一停就是800多年。

时间到了宋朝，北宋和南宋让两次移民大潮接踵而至。

第四次移民是北宋末期。北方的女真族建立了金国，并向北宋大举进犯，直至发生了耻辱的"靖康之变"。靖康二年（1127年），金人攻破首都开封，宋徽宗、宋钦宗父子二帝及皇后、妃子等宗室3000余人成为俘虏，被押往金国。宋徽宗唯一没有被掳去的儿子是康王赵构，当时他正被皇帝授以兵马大元帅派往河北招兵，因此躲过一劫。

此后赵构登基成为宋高宗，在杭州建立南宋王朝，与金军以长江为界分庭抗礼。这位宋高宗在立足未稳之际，也发动了一场"建炎南渡"，北宋子民为远离战争不断南迁。

第五次移民则是南宋末期，形式上几乎是北宋末期的翻版。

人们在回望历史时常常会记起一句话："历史是一条长河"，仿佛这是颠扑不破的真理，但历史的吊诡在于它常常会显示出它的另一个规律：历史往往是一个圈，谁也跳不出这个圈。

南宋如今也开始面对他们的先祖同样的怪圈：蒙古人的入侵。

此时的北方形势大变，当年灭了北宋的金人，现在却面临着步步紧逼的蒙古人，陷入亡国的危机，此时的南宋似乎有意借助蒙古人灭掉金人，以报先祖的耻辱。于是他们选择了一条"联蒙灭金"的外交政策，而且果然在两年后，让这个曾经不可一世的豺狼之国覆灭。不料，他们结盟的是另一个更强大的虎狼之师。

金国灭亡的次年，蒙古人的马蹄踏入中原，并进一步向南挺进，既无战力又无战意的南宋军队节节败退，后虽经过四十多年的抵抗，但最终南宋亡国。蒙古人在大都（今北京）建立了元朝。

战争再次让百姓吃苦，生命受到威胁，生活也无法继续。又一次南迁便成为必然。

北宋、南宋的这两次移民潮，其规模远远超过了前三次的总和，也使岭南的规模得以基本成形。

又是400年过去了。

到了清朝康熙年间，这片土地迎来了它的第六批北方移民。

在这次大规模的移民之前，深圳地区刚刚经历了一次向北方的反向移民，这就是"清初迁界"。

当时的清朝刚刚入关，推翻了明朝。但明朝的抵抗力量并没有全部缴械，其中影响最深广的是抗清名将郑成功，他在清军的向南挤压下，顺势渡过台湾海峡，赶走荷兰人，收复了台湾。并以台湾为基地，通过东南沿海不断打击和骚扰清军，试图反清复明，令清军头疼不已。

而作为马背民族的满人，清军在草原乃至陆地上可以纵横驰骋，但面对浩渺无垠的大海，他们除了头晕，好像也没有什么办法。

他们唯一能想到的策略就是"禁海"，为此不惜实行"迁界"。

顺治十八年（1661年），清廷断然决定实行强制迁徙濒海居民的政策，将边界向北迁移50里，而深圳地区恰好处于迁界区。

虽然此地几乎都是移民，但他们毕竟也在这里生活了若干世代，这里有他们重新建立起来的家业，有良田、祖屋，有渔业、盐业收入，还有同海外进行贸易交往的口岸。一声迁海令下，多少村庄成为废墟。又有多少濒海居民因为不舍北迁，被以违旨"透越"的罪名处死（"透越"的意思就是：越界逃走）。

直到清政府统一台湾，结束了两岸对峙的局面后，康熙才施行"展界"政策，也被称为"复界"，就是允许被迫迁离的沿海居民重新复归故土，使之在沿海大片弃地上重建家园。展界之后，又正式下令开海贸易。

但这一次的"复界"，效果并不理想，一是人民已经寒心，害怕政策再变，并不愿回迁；二是部分原住民在流离失所中贫病致死。尽管政府为此出台了鼓励回迁垦荒政策，但回迁人口寥寥。

倒是未受迁海影响的客家人成为此次移民的主体，他们从粤东北乃至中原长途跋涉，成为这片土地上的新居民。此后的深圳原住民中客家人便占了大半。

绵延两千多年的六次移民浪潮，让深圳地区在盛衰交替的同时，留下多少让人唏嘘的移民血泪。

谁也没有想到，距第六次大移民过去了300多年之后，改革开放带来了一次前所未有的移民大潮，其规模是前六次移民潮所不能望其项背。

还有一个与之前截然不同的地方是，前六次移民浪潮都是被动的，都饱含着难以计数的血泪，而20世纪末开始的这次大移民，是自觉自愿的，是满怀希望的，是一个梦想的开始。

南宋在这里画上句号

赤湾，在南头半岛的顶端。

一般人都知道这里有个赤湾港，是个内河船舶和远洋巨轮均能停泊的天然良港。

但几乎鲜有人知道，赤湾见证了中国古代史里血与火的惨烈一幕。

更让人想不到的是，一个王朝就是在这里咽下最后一口气。换言之，南宋正是在深圳赤湾画上句号的。

因为，这里深埋着南宋王朝的最后一个皇帝。

这个陵墓不大，与历代皇帝们死后的巨大陵寝相比，简直太寒酸了。陵园背依小南山，面朝伶仃洋，墓碑正面镌刻着"宋少帝陵"。

宋少帝是谁？他叫赵昺，南宋最后一个皇帝。

赵昺生于1272年，这一年，忽必烈建立了元朝。因此，赵昺从出生的那一刻起，便注定是一场悲剧。

南宋王朝在蒙元大军的猛攻下，已经风雨飘摇，在赵昺3岁的时候，父王宋度宗赵禥驾崩，比他大一岁的二哥赵㬎即位，称为宋恭帝。此时元兵已饮马长江，南宋国势危急，在首都临安（即杭州）陷落后，只做了两年不到的皇帝，宋恭帝便被俘，后一度在西藏出家为僧。

南宋大臣护送侥幸逃脱的皇族继续南逃，并在福州拥立赵昺的大哥赵昰为帝，即宋端宗。蒙古铁骑穷追不舍，南宋小朝廷被迫漂泊到广东沿海，慌乱之中退到中山市的井澳海面。一日，海上飓风骤起，南宋船队被吹得七零八落，宋端宗落水差点溺死，因此染病。超过四成的宋朝士兵在这次飓风中丧命。飓风刚过，元将刘深又率兵来攻，枢密副使张世杰迎战不敌，一路败逃到七星洋，此役宋军损失船只两百多艘，连宋端宗的舅舅也被俘虏了。

惊惧加上疾病，宋端宗和他不幸的弟弟一样，也仅做了两年的皇帝，便在海上病死，葬于香港大屿山。

此时的老三赵昺成为赵氏皇族唯一的血脉，于是大臣们就拥立7岁

宋少帝陵

的王子为帝，史称宋怀帝，也称宋少帝，改年号为祥兴，此为祥兴元年（1278年）4月。赵昺即位后，任用陆秀夫为左丞相，文天祥为少保，张世杰为太傅，进驻广东新会崖山，以海上为营垒，继续抗击元军。

文天祥是南宋将领中最后也是最大的亮点。

元军打进杭州城时，文天祥是临安知府，也就是首都的最高行政长官。在皇室君臣均已撤退后，他仍然坚守都城，并奉命作为使臣到元军中进行议和谈判。但因为据理力争，被元朝丞相伯颜扣留在皋亭山。在被遣送至镇江时，文天祥与手下部将趁夜色逃脱，逃至真州（今仪征市）。后在屡次元军追缉中，均得以化险为夷，后召集残部进攻江西，曾一度收复部分州县，但终因寡不敌众，士兵被击溃，文天祥逃走，妻妾子女都被抓住。

文天祥并未气馁，后再聚旧部转战岭南，不料在海丰的五坡岭休整吃饭时，在潮州盗贼陈懿的带领下，元朝张弘范的军队突然出现，众士兵随从措手不及，都埋头躲在荒草中。文天祥被元军千户王惟义抓住，终落敌手。

文天祥被带到张弘范的面前，张弘范的左右官员喝令他行跪拜礼，文天祥昂首道："我乃堂堂大宋臣子，岂能向寇贼行下跪之礼？"张弘范见他一脸正气，也肃然起敬，并不勉强，改以宾客礼相待。但将他押解至崖山，让其劝张世杰投降。文天祥严词拒绝，朗声说："我不能保卫父母，还教别人叛离父母，可以吗？"

后张弘范多次向他强索劝降书信，于是，文天祥交给他一首手书的诗作，这便是名垂后世的绝唱《过零丁洋》，诗中写道："辛苦遭逢起一经，干戈寥落四周星。山河破碎风飘絮，身世浮沉雨打萍。惶恐滩头说惶恐，零丁洋里叹零丁。人生自古谁无死？留取丹心照汗青。"这首诗恢宏大气，有视死如归、舍生取义的决绝。

"惶恐滩"是江西赣江中的十八险滩之一,当他被元军在江西击败,妻儿老小被俘时,他曾经惶恐滩撤至福建;"零丁洋"在现在的东起深圳赤湾、西至珠海淇澳岛的海域内。文天祥是20岁即状元及第的末世大臣,此时眼见国破家亡,在茫茫波涛之间,看大好山河沉沦,悲愤交集,内心的焦虑惶恐和孤苦伶仃是他人所难以体会的,更非作为侵入者的元军将帅能够理解。他一连绝食八天,并未能赴死,方才进食。

而只比文天祥小两岁的张弘范,本身也能武善诗,他被文天祥的忠烈孝义和才华横溢所折服,遂收藏了此诗。张弘范曾在元军中置酒宴犒军时请上文天祥,对他说:"丞相的仁心孝悌都已尽到,若能改变态度像侍奉宋朝那样侍奉大元皇上,将不会失去宰相的位置。"文天祥饱含热泪地说:"国亡不能救,作为臣子,死有余罪,怎敢怀有二心苟且偷生呢?"张弘范感其仁义,派人护送文天祥到京师。

文天祥被押解至元大都(今北京),元世祖忽必烈亲自劝降,许以中书宰相之职。文天祥大义凛然,宁死不屈,最终于大都就义。

1279年,最后时刻到来,一场改变中国历史的崖山战役拉开血腥的帷幕。

崖山,位居珠江口西面的崖门海域,踞高临海,地势险要。

这注定是一场生死决战,蒙元大军与南宋哀兵在海面上对峙。张世杰下令焚烧岛上军营行宫,人马全部登船,依山面海摆下战阵。吸取大哥宋

崖山海战

天后宫

端宗在井澳海上被巨浪掀翻龙船的教训，宋少帝将1000多艘战船用绳索连在一起，每船之间均有甲板连通，船的四周筑起城楼，宋少帝赵昺的龙船安置在中间，昭示君臣与将士、舰船共存亡的决心。

蒙古军队久攻之下竟无法冲破长蛇船阵，他们效法三国时期孙刘联军火烧赤壁的战术，以小船载茅草和膏脂等易燃物品，乘风纵火冲向宋船。但宋军早有预防，在船上涂抹了一层厚厚的湿泥，并在每条船上横放一根根长木，以抵御元军的火攻。元朝水师火攻收效甚微，遂以水师封锁崖门海湾，又以陆军断绝宋军汲水及砍柴的道路，采取长期围困的办法。宋军只能吃干粮、饮海水，士兵呕吐不止。

待宋师疲惫不堪之际，元军发起总攻，在东、南、北三个方向屯兵夹击，元大将张弘范亲率主力正面迎击南宋船队，战斗力和自信心均已失去的宋军将士，再也无法抵挡虎狼之师，10余艘宋船被迅即攻破。宋军大败，元军一路打到宋军中央。这时张世杰见大势已去，抽调精兵，砍断绳索，带领10余只船舰突围而去。

此时位居船阵中央的少帝赵昺已无路可逃，丞相陆秀夫与少帝相对而泣，陆秀夫率领残余臣子们最后一次向赵昺行跪拜大礼，然后背起8岁的小皇帝，君臣集体跳海殉国。少帝之母杨太后看到小皇帝赵昺已死，悲痛大哭，她仰天长叹："我之所以忍辱活到现在，就是为赵宋保留一支血脉，现在血脉一断，我有何面目苟活于世。"于是带领宫女蹈海自尽。不久，逃出重围的张世杰，见朝廷已覆灭，在大风雨中沉溺于阳江海陵岛对面的平章山下。一时间，崖门海域浮起十万军民尸身，海水已不再湛蓝，转为一片血红。

陆秀夫身负少帝投海

一个多月的崖山之战结束，存活了152年的南宋宣告彻底灭亡。

宋少帝赵昺的尸体漂流到赤湾海面，据赤湾赵氏族谱《帝昺玉牒》记载："二月初六日酉时，崩于崖山奇石之下，圣寿九岁，后遗骸漂流至赤湾，有群鸟飞蔽其上。山下古寺老僧偶往海边巡视，忽见海中有遗骸漂荡，上有群鸟遮居，心窃异之，设法拯上，面色如生，服饰不似常人，知是帝骸，乃礼葬于本山麓之阳。"

民间也有传说，众人打捞上来一看，尸身是身着黄袍龙衣的童尸，此时赤湾海边天后宫的一根大梁突然倾塌，庙祝忙焚香问卜，方知此梁为天后娘娘赠予宋少帝做棺木之材。于是，宋少帝方入土为安。

南宋在深圳赤湾画上了句号。

如今，在大南山下，天后庙与少帝陵一东一西，静默地面朝伶仃洋，守护着那段如烟往事……

The biography of ShenZhen

深圳传

寻找城市中心

第三章

深圳从空中看太像一条鱼了，一条硕大无朋的鱼。

　　莫非这与《逍遥游》暗合，正印证了深圳是由鲲鱼化为鹏鸟的吗？

　　其实庄子早就预言了鲲鹏的下落："是鸟也，海运，则将徙于南冥，南冥者，天池也。"如今，这条像海豚一样横卧在南中国海边的巨大的鱼，身体正在扭动着，仿佛随时会一跃而起，直冲云霄。

　　大鱼深圳，已经水击三千里。

　　大鹏深圳，正欲扶摇九万里。

一条名叫深圳的鱼

曾经有部好莱坞电影《一条名叫旺达的鱼》，黑色幽默片的经典，但很多年过去了，情节已经完全不记得，只记住这个奇怪的片名。

如今当我在空中俯瞰深圳时，我想形容它，却一时找不到合适的词，脑海中突然跳出了这句话：一条名叫深圳的鱼。

的确，深圳太像一条鱼了，一条硕大无朋的鱼。

莫非这与《逍遥游》暗合，正印证了深圳是由鲲鱼化为鹏鸟的吗？

其实庄子早就预言了鲲鹏的下落："是鸟也，海运，则将徙于南冥，南冥者，天池也。"翻译成白话就是："这只鸟，当海动风起时就飞往南边的海。那南海，就是通天的渊池。"

如今，这条像海豚一样横卧在南中国海边的巨大的鱼，身体正在扭动着，仿佛随时会一跃而起，直冲云霄。

在中国城市中，具有深圳这种地形特征的城市极为罕见，因为绝大多数城市都是"摊大饼"式发展起来的，它们从一个中心点向四周辐射开去，犹如在湖心投入一颗石子，让水波荡漾，继而一圈一圈地把城市摊成

深圳地形酷似跃跃欲飞的大鱼

一张大饼，所以城市形状基本上不是方形、长方形，就是圆形、椭圆形，即使不绝对的对称，也至少东西南北大体相等。

而深圳例外。

深圳这条鱼是头朝西、尾朝东地静卧着。从鱼头到鱼尾，也就是自西向东足足有一百多公里；而鱼的两侧，即南北方向只有三四十公里，最短处不到十公里。深圳人从西部的宝安区去东部的大鹏新区，几乎比去广州还要远。所以在很多深圳人的潜意识中，有鲜明的东西概念，却少有南北概念。

深圳这条鱼的头尾都泡在海里。西部的头枕着珠江口，面朝伶仃洋；东部的尾摇荡在大亚湾和大鹏湾之间；南部的鱼腹由一弯深圳河与香港相连；北部的鱼背紧挨着东莞、惠州两个城市。占总面积78%的平原和台地，像绿茵茵的鱼鳞一样覆盖着它的躯干。

在这里居住的常住人口达1302.66万人，因为深圳的城镇化率100%，所以他们全部是城镇人口，简言之，深圳也是中国唯一没有农民的城市。

我们把目光从外向内收，来看看深圳的身体结构。

深圳这条鱼的鱼腹，是这座城市目前的核心。

核心区有三个区：福田、罗湖、南山。

福田区是市政府的所在地，谓之首善之区。这里是深圳的政治、文化、传媒中心，拥有世界上最大的单体书店，深圳书城中心城。此外，市图书馆、博物馆、关山月美术馆、当代艺术馆等顶级文化场馆多聚于此，它们与莲花山上的邓小平铜像遥遥相对。

罗湖区其实才是最老资格的区，他们是深圳经济特区最早开发的城区，因为罗湖桥与香港相连，所以成为最重要的内外通道。罗湖盛产"高楼"，这里集中了改革开放以后中国的第一批摩天大厦，声名远播的国贸大厦曾以"三天一层楼"的建设速度创造了建筑奇迹，此后的地王、京基100都刷新了城市天际线的高度。

在中国，判断一个城区的综合水准，就看房价，深圳房价最高的在南山。南山区被称为深圳的"硅谷"，是科技、教育、体育中心，有中国最早的高新科技园，总部在南山区的企业都赫赫有名：腾讯、恒大、华侨城……还有让人无限遐想的前海，全球500强纷纷在这里抢滩上岸。高等教育也基本集中于南山，深圳大学、南方科技大学、深圳高级职业技术学院等已在业界成为知名院校。"深圳大学城"则是中国唯一经教育部批准以培养全日制研究生为主的研究生院群，目前，北大、清华、哈工大等都在这里设立了各自的研究生院。此外，以华侨城的"世界之窗""欢乐谷"为龙头的旅游产业，吸引了来深圳的千万游客。

在以上三个区与边缘区之间，还有一个过渡区：盐田区。

盐田区是城市核心区与边缘区的桥梁，这里最重要的是盐田港和沙头角。盐田港是世界上吞吐量最大的五大港口之一，当年这可是大陆第一家合资港口；沙头角有一条著名的"中英街"，很多人为了一睹"一国两制"的活标本，星夜排队只为了那张"边防证"。

上述四个区，曾经被称为"关内四区"，但如果单凭体量，这四个区加在一块也不抵宝安区的一个零头。

改革开放之前，整个深圳地区曾经都属宝安县，1979年3月国务院批准撤销宝安县，设立深圳市，并旋即建立经济特区，于是宝安县便被划到了"关外"，分成宝安区、龙岗区，这两个在铁丝网外的区与铁丝网内的区形成了两个迥然不同的世界。当时来过深圳的人调侃道："关内是欧洲，关外是非洲。"

31年过去，弹指一挥间。2010年7月，深圳经济特区正式扩容，过去只有面积占全市20%的关内四区被称为"特区"，现在"特区"被扩大到全市范围，特区一体化建设拉开帷幕。

于是，边防检查站、铁丝网很快被分段拆除，深圳也更加像一个四肢均衡发育的健康人。这样一来城市的重新规划和布局便成为必然，过去靠宝安、龙岗这两台发动机带动关外80%的区域发展，确实勉为其难。在城市细分的大势所趋下，宝安、龙岗两个区逐渐细分出四个新区：光明、

大鲲深圳，水击三千里

龙华、坪山、大鹏。目前除大鹏仍为新区外，其他三个新区已经升格成为行政区。至此，深圳完成了城市化以来十个区的建设目标。

大鱼深圳，从海里一跃而向内陆，仿佛要把积蓄了几千年的能量，在一夜之间向广袤的大陆腹地强劲辐射，让曾经缓慢的农耕文明、工业文明，迅速切换到快速、灵动的商业文明、现代文明。

大鱼深圳，已经水击三千里；

大鹏深圳，正欲扶摇九万里。

中心与心中

有朋自远方来，见到我往往都会问："深圳市中心在哪里？"

他们迫不及待地想让我带他们去市中心。

而我会对他们说："深圳没有传统城市的所谓市中心，如果一定要找市中心，那会有好几个。"

在这一点上，深圳很像洛杉矶。

我第一次去洛杉矶时，也曾向朋友问过类似的话，当时得到的回答是："洛杉矶没有一个具体的市中心，但有很多个市中心。"后来熟悉了洛杉矶，便知此言不虚，洛杉矶是一个城市群，阿凯迪亚、帕萨迪纳和波莫纳都各有中心，不同的小城市集聚起一个大都市。

很多人也都试图寻找深圳的市中心。但他们会发现，在福田、罗湖、南山、宝安都存在着各自的中心，甚至在一个区内不同的街道还会形成好几个中心。我刚到深圳的时候，在南山听本土人聊天时常常会说："我明天去深圳。"我当时觉得很震惊，大家不都在深圳吗？后来才知道原来他们嘴里说的深圳，是指罗湖。

市民中心被称为"城市客厅"

深圳很散，像一幅散点透视的中国画。

那么我们寻找城市中心时，在寻找什么呢？因为你寻找的东西不同，可能你对城市中心的结论也会不同。我曾经做过凤凰卫视《纵横中国》栏目的总策划，当时我们试图寻找的是城市的人文血脉，以及人文血脉形成的独有的城市景观和城市性格，而且我坚信，什么样的城市历史，形成什么样的城市性格，什么样的城市性格又都反映在它的布局中、建筑中、街巷中。

深圳不像北京那样有意识地按照皇城的样子打造出来，皇城的格局是四四方方，由内向外以不同的涟漪状荡漾开去，俗称"摊大饼"。所以相声里给北京市杜撰了一个市歌《五环之歌》，唱道："啊！五环，你比四环多一环；啊！五环，你比六环少一环。终于有一天，你会修到七环。"全中国的城市大都像北京这样修成了一环又一环。

69

市民中心广场上的市民

而深圳摊不成那个大饼。

首先是狭长如带状的东西地理走向,让深圳无法"成环",各个区从东到西依次排开,它们用 40 年的时间,找到了自己的定位,定位即风格,它们用各自的风格混搭成多元、包容的"深圳风"。

就拿文艺来说,大鹏的客家山歌便独领风骚;罗湖的歌舞厅文化成为翘楚;福田无处不在的文化沙龙、小剧场话剧让城市夜空充满文艺气息;盐田的鱼灯舞弥漫着海洋文化的鲜气。这些各具特色的定位,让分散于全城的十个区,创造了各自相对独立的发展空间,它们既独立又互补地完成了各自的空间建构,并进而形成了各自不可复制的城区魅力。

在深圳生活过一段时间,才慢慢了解这座城市不同区域之间微妙的互补关系。比如说你要买书或进行其他文化活动,一般会首选福田区,到莲花山脚下的中心书城一带,在那里你会享受到所能想到的一切精神文化生活；而如果你想购物、娱乐，一般会首选罗湖东门一带，那里的步行街、夜总会能帮助你更快地找到目标；如果要休闲、度假，毫无疑问会去大鹏半岛，在南澳、较场尾的民宿，你会忘记这个城市的快节奏。诸如此类，这种几乎像模块般的下意识选择，没有人会弄错，并且他们会乐此不疲。

这其实也正是一个中心并不集中的城市的优势，曾经的那种大而全的功能型城市，正在被不同功能组团的互相分摊所替代，正因如此，在深圳你是很难找到一个绝对的市中心的。

北京的市中心很好确认，以天安门为绝对中心，不到天安门等于没到北京。上海也好认，以人民广场为中心的黄浦江外滩一带，是这座城市的绝对核心，不到外滩等于没到上海。

而深圳确实不存在这样的绝对中心，没人能说不到哪里就等于没到深圳，这个众望所归又无可争议的地标，一直在遴选和争论中。

那么人们为什么又可以在各自的区域中心里安心地生活、工作。

城市的中心在哪儿？有时候取决于你的心态，一个内心充实、欢悦的人，无论在哪儿，大概都不会太孤独的吧。

想起了苏东坡的一首词《定风波》，其中有一句成为千古佳句："此心安处是吾乡。"当时苏东坡的好友被贬官到了广东，多年后在京重逢，苏东坡问朋友："岭南的风土应该不是很好吧？"朋友却坦然答道："心灵安定的地方，便是我的故乡。"苏东坡听了，感动不已。

在深圳这座移民城市，很多人像蒲公英一样飘飞过来，他们在这里能否安稳地待下来，取决于他们的心是否能安。当他们在这个城市的不同角落，都能找到各自安身立命的场所，他们便会把那里当作自己的中心。

所以从某种意义上说，真正的城市中心就在市民的心中。

难舍难分城中村

"城中村"这个词，最初起源于深圳。

因为深圳的城市主体，便脱胎于地地道道的农村，在建立经济特区之前，还叫宝安县的深圳是一个不折不扣的农业县。根据《嘉庆新安县志校注》记载，深圳境内分布了800多座村落；而1987年出版的《深圳地名志》中，深圳有1500多个村落；1992年再次普查时，深圳还有1200多个村落。可以说深圳原始村落的宏观数量与空间分布奠定了如今深圳城中村的整体空间结构布局。

如此众多的乡村，一夜之间迈入城市化的门槛，这给城市提出了空前的难题。取消农业户口是简单的，更换一个户口本就可以了，但是让已经存在了几十年乃至几百年的村落改变面貌以致消失，则异常艰难，犹如破茧化蝶，结果也许美好，但过程注定是撕心裂肺般的痛苦。

早期闯深圳的人，几乎没有不住城中村的。

我在1992年年底来到这座城市，刚来就发现深圳有个很有意思的地方，就是城市中心和边缘常常混在一起，而这些与中心缠绕在一起无法分开的城中村，距离那些闻名遐迩的 CBD 只有咫尺之遥。

当时我便住在著名的巴登街。这条街离市委只有短短的 500 米，绝对在闹市之中。深圳几乎在每个区的每个街道，都能看到高楼大厦与城中村相依相偎，像一对身份悬殊的恋人，看起来很不般配，但仍然如胶似漆。

这一千多个城中村，掩映在现代化的都市的霓虹灯影里，构成一道别样的风景线。

蔡屋围如不夜城流光溢彩

记得当年我还在做记者，每天都在巴登街的市井嘈杂声中醒过来，下楼时看见热气腾腾的小吃摊，便坐下来点一份客家肠粉，凳子上坐满了和我一样夹着公文包、穿西装打领带的年轻人，吃完这顿便宜的早餐，他们便从这里各奔东西，走进各种高档的写字楼，开始一天的白领生活。那时候每个人都充满热情地工作，憧憬有一天能在那些体面的商品房里拥有自己的一个房间。但到了晚上，他们仍然会回到自己城中村里的农民房，继续着自己的梦想。

很多人的"深圳梦"都从城中村出发。

深圳最著名的城中村有几个。

最繁华热闹的要数蔡屋围了，我当年住的巴登街也属于蔡屋围范畴。

蔡屋围，深南大道最初的起点，深圳最高的几栋摩天大楼都在那儿，地王、京基、深交所、中信广场凝聚着财富。从蔡屋围到上海宾馆，只有区区 3 公里，曾经是来深者流连忘返的地方。每到入夜，直刺星空的激光灯和令人目眩神迷的霓虹灯，让深圳成为名副其实的不夜城。"沙都歌舞厅"的舞池里，轻歌曼舞的表演者中后来好几位都成了中国流行乐坛的大哥大、大姐大。蔡屋围的城中村改造是成功的，既成为气宇轩昂的金融中心，又没有彻底消灭"握手楼""亲嘴楼"。这里的村民基本已经不住在村里，而是选择回迁到旁边的KKmall上面的"老围花园"，他们每年的个人平均分红能达到10万元以上，为全深圳最高，过上了上班族们羡慕不已的高端社区生活。同时在村里，依然可以吃到便宜的客家肠粉，初来深圳闯荡的人，依然可以在这里继续做属于他们的深圳梦。

改造后的白石洲在摩天大楼的包围中

如果论规模，深圳最大的城中村可能非白石洲莫属。

很多年前，就有人提议我去给白石洲拍一点纪录片，留住这个随时可能消失的村庄。我也曾有此意，但在拍摄前，去村里转了一圈，发现有太多的拍摄团队已经进入了，甚至还有外国友人，于是我就放弃了，大家都去记录，就重复了，重复的劳动是没有价值的。

其实原来的白石洲村更大，后来被华侨城买过去一半，便点石成金地让那里成了旅游胜地，这才让剩下的白石洲人更加着急了。现在的这一半村子，仍然拥有全深圳最大规模也最集中的农民房，但因为有着相对便宜的出租房和便利的交通，而不愁让农民成为地主。这一切全赖于它的地标：深南大道和华侨城。每天，每个时刻，都有从白石洲里走出来的人在楼下的广场上坐着，也许在等人，也许在感受近在咫尺的城市繁华。早晨，从白石洲里匆匆步出的白领，衣着光鲜，神色自信，有的在附近的华侨城、科技园上班，有的从这里乘地铁、大巴去往不同的地方。

现在这里也将消失。

尽管白石洲和市民已经说过多次"再见"，但总会在最后关头回到起点。不知是相见时难别亦难，还是其实不想走，其实我想留。

城中村是一个容易让人陷进来的地方。它庇护着形形色色的人，而为这形形色色的人服务的各种店铺也档次参差，生活在里面就像一个小社会。

如今一旦真的消灭了它们，甚至连记忆也一并消失，可能让人一时怅然若失吧。

The
biography
of
ShenZhen

深圳　传

城市之光　第四章

李健有一首歌《城市之光》，曾经风靡一时："在这座城市中央/在那最高的地方/据说是它的灵魂/在深夜闪闪发亮　就在那最高地方/突然有耀眼火光/它穿透无边黑暗/乌云化魔鬼逃散"。

　　城市之光照亮的是一座城，它们阻挡着黑暗降临，让城市不再迷失方向。

　　城市之光是什么？就是人，是那些给这座城市带来光亮，带来荣耀的人，有了他们，深圳便熠熠生辉。

传奇者袁庚

这个名字注定要镌刻在深圳的大地上。

他生于斯，长于斯，终于斯，但他的传奇却播向远方。

他叫袁庚。

2018年12月18日上午，北京人民大会堂，庆祝改革开放40周年大会正在举行，100名"改革先锋"在大会上受到表彰，袁庚获得了改革开放试验田"蛇口模式"的探索创立者的荣誉称号。100名里，深圳占了2名，一是蛇口袁庚，另一个是腾讯马化腾。

此时，袁庚已去世近三年了。

这位一生既神秘又伴随争议的人物，随着"改革先锋"的盖棺定论，重新走到媒体聚光灯下。但是深圳人一刻也没有忘记他。

袁庚是土生土长的深圳人，1917年4月23日出生在大鹏湾畔水贝村的一个海员家庭，籍属客家。袁庚不姓袁，本名欧阳汝山。6岁在本村读私塾，14岁赴广州远东学校补习，并以"会考"第八名的成绩进入广东省广雅一中读书，19岁考入黄埔军校第四分校。

"七七事变"后，军校人心涣散，欧阳汝山对时局失望，愤然回乡成为大鹏新民小学的教师。此后投身抗日救亡运动，加入"广东人民抗日游击队东江纵队"，做过教师的欧阳汝山在游击队里绝对算是知识分子，便被选拔、训练成为一名秘密情报人员，经常深入香港日军基地侦察。因为秘密工作需要，欧阳汝山先后用过欧阳珊、袁更等不同化名，因新中国成立初期一次出国护照上误写为袁庚，此名遂沿用至今。

目光炯炯的袁庚

袁庚的前半生足以拍一部《007》，他担任过东江纵队联络处处长，28岁即被授予上校军衔，并受委派出任东江纵队驻港办事处第一任主任。

袁庚在抗战中一直负责情报工作，他领导的情报系统有两个重大贡献：第一，发现和绘制了日军在汕头沿海和东山岛构筑的工事；第二，在广州、东莞发现了日军最神秘的波雷部队，盟军根据情报，取消了原定的"华南登陆计划"，放弃与波雷部队的正面冲突，改为在日本本土投放两枚原子弹来结束战争。

在袁庚的情报生涯里，还有个被史家一再大书特书的事件，那便是著名的"省港大营救"。1941年岁末，东江纵队接到中共中央急电，要求营救一批滞留在港的文化名人，包括茅盾、柳亚子、何香凝、邹韬奋、胡绳等，这批文化精英是抗战爆发后，中共为躲避日军铁蹄从上海、桂林、重庆、昆明等地转移至香港的，不料12月25日，日军占领深圳，并从沙头角攻入香港，香港沦陷。日军风闻这批文化名人在港，正在四处搜捕，这批文化名人一时间危在旦夕。

秘密战线时期的袁庚

但要在纷乱动荡中的香港，找到这批分散、隐秘的文化名人谈何容易。袁庚和他的情报人员化装潜入了香港的各个角落，最终与他们一个一个接上头，约定好撤离时间、地点、方式。日军在占领香港后，迅即封锁了香港岛至九龙的交通线，营救小组硬是在日军的眼皮底下，开辟了一条从铜锣湾到红磡的水上通道。不久，从九龙到宝安县东江游击区的陆上和海上交通线也建立起来了。

1942年元旦刚过，紧张的营救工作便开始了。每天都有10多位文化界人士登上东江纵队的营救船离开香港市区抵达九龙，并被迅速转移至宝安县白石龙村，至今设在白石龙村的"中国文化名人大营救纪念馆"内，复原了当年文化名人短暂停留此地时住过的草寮：几根木材，缕缕茅草，虽然条件极为简陋，却是离港文化名人的安身之所。在各方共同努力下，经过前后6个月的紧张营救工作，东江纵队从港九地区顺利营救出300多名国内文化界知名人士和爱国民主人士，加上其他人士总共营救出800余人。

对此次大营救，茅盾先生评价说："这是难以想象的周密安排，是抗战以来，简直可以说是有史以来最伟大的'抢救'工作。这真是一场秘密大营救。"在这次营救中，袁庚和他的战友们的秘密情报工作居功至伟。

抗战结束后，袁庚随东江纵队编入三野，参加了济南战役和淮海战役。新中国成立后，袁庚继续在外交与情报战线工作，主管东南亚方向的业务，曾受委派赴越南担任胡志明的顾问。后被委派到印度尼西亚大使馆

这个口号招牌是蛇口的标志

任雅加达总领事馆领事。1955年4月周恩来总理赴雅加达参加"亚非会议"期间，袁庚负责情报组织工作。1961年袁庚44岁，调任中央调查部一局副局长。1963年4月，袁庚被派往柬埔寨，在国家主席刘少奇访柬前，协助柬方军警破获国民党暗杀刘少奇的"湘江案"，抓获敌特数十人，其负责的情报工作十分出色，立下大功。

随着"文化大革命"到来，在秘密战线屡立战功的袁庚被拘捕，囚禁于秦城监狱七年之久，后在周恩来总理的亲自过问下，终于被释放。后调任交通部外事局副局长。

1978年6月，袁庚受交通部长叶飞委派，赴香港调查，起草了一份《关于充分利用香港招商局问题的请示》报告，在得到中央批准之后，10月即被任命为交通部所属的香港招商局常务副董事长，主持招商局全面工作。

此后，袁庚向中央建议设立蛇口工业区，1979年7月20日，蛇口工业区正式运作。次年3月，蛇口工业区建设指挥部组建，袁庚任总指挥。这一年他已63岁。

82

另一个响彻全国的口号招牌

此后，他再也没有离开蛇口。

今天人们在谈论深圳和蛇口，仍会为当年袁庚做出的那些事情捏一把汗，何况当时一切都还处于混沌中。在1979年的中国，蛇口和袁庚的出现，让铁幕般的计划经济被捅开了一个再也补不回去的大洞。在中国改革开放这盘棋局上，袁庚在蛇口投下了第一颗棋子。

袁庚的军人气质成就了他，他的坚毅与果敢，促使他做了几件当时没人敢做的事情。这从蛇口诞生的那句口号中可见一斑。

那句口号是：时间就是金钱，效率就是生命。

长期派驻在国外的袁庚，是国内少有的知晓外部世界的人物，他对国外的效率观、时间观都非常清楚，因此在他主政蛇口工业区不久，就提出了"时间就是金钱，效率就是生命"，当时"金钱""效率"这些字眼在国内还很刺眼，但他认定了就必须喊出来。其实当时还有几句话，完整的口号是"时间就是金钱，效率就是生命；顾客就是皇帝，安全就是法律；事事有人管，人人有事管"。身边的人提醒他，考虑到社会的承受能力，是否去掉中间两句，他权衡一下，同意了。于是让施工队用三合板做了块木牌，竖在太子路旁的显眼处。两天后，一个目不识丁的民工将这块牌子拆走当柴烧了。袁庚又命人做了一块更大的，这次只提一句话："时间就是金钱，效率就是生命。"

这句话太提神了，于是迅速从蛇口传播出去，深圳的很多工地上都能看到这句话。这句口号越做越大，立在市内通往蛇口的必经之路上，人未进蛇口，先被这种扑面而来的气势震到。

在这块牌子的鼓动下，蛇口率先实行"定额超产奖励制度"，当时在建顺岸码头时，由于长期吃平均主义"大锅饭"，干多干少一个样，每人每天运泥 20—30 车，工程进展缓慢，眼看不能如期完工，袁庚急了，施工的四航局工程处为了调动工人的积极性，决定完成定额，每车奖 2 分，超定额者，每超一车奖 4 分。工人热情高涨，主动加班，最多一人一天可运泥 131 车，领取 4.14 元奖金。一下子提高效率五六倍，但有人把这事告上去了，说这是搞资本主义的物质刺激，1980 年 4 月，这一奖励制度被勒令停止了，重新吃上"大锅饭"后，施工速度急剧下降。袁庚火了，这 4 分钱的"官司"一直打到中央最高层，经批示，才在 8 月重新恢复了超定额奖。结果工程提前完工。

由蛇口创造的这句口号曾经登上天安门广场的国庆彩车，今天依然矗立在蛇口。有人认为，中国走向市场经济，就始于这句口号。

蛇口还有一句口号也振聋发聩："空谈误国，实干兴邦。"

当时关于深圳究竟是姓社还是姓资，一时争论不下。但事情还在做，不能停下。袁庚决定对各种质疑乃至责难不予理会，所以蛇口通往市内的大路边又立起了一块大牌子：空谈误国，实干兴邦。

当时一次老干部聚餐，大家都谈风花雪月，突然有人再提："广东如此发展下去是社会主义还是资本主义？"举座哑然，眼看一场唇枪舌剑不可避免。此时，袁庚举重若轻："你说这是社会主义呢，老百姓就说社会

1992年，袁庚陪同邓小平在蛇口视察

主义好；你说这是资本主义呢，老百姓就说资本主义好。你想老百姓说什么？"主持聚会的省委书记任仲夷哈哈大笑。

改革既需要勇气，也需要智慧，袁庚正是以他的勇气和智慧，在一个又一个领域里破冰前行。

袁庚在蛇口创下了许许多多的"中国第一"，形成了世人瞩目的"蛇口模式"。蛇口，冲破了几十年的计划经济束缚，不仅在深圳改革中一马当先，也为中国的改革开放提供了借鉴。

袁庚还在蛇口率先推行了民主选举制，他力主把当时的蛇口工业区建设指挥部改成蛇口工业区管委会，管委会两年一届，每届均由民选产生，每年由群众对管委会成员投信任票，不信任票过半数就得下台，包括袁庚自己。

这一下又引来更多的争议，但袁庚坚定不移。

袁庚从来不怕批评，蛇口办了份报纸《蛇口通讯》，在袁庚提倡大力批评的鼓励下，刊登了一篇指名道姓批评袁庚的文章，袁庚大为赞赏，批示给予鼓励，他说："权力必须受到制约，领导必须受到监督。凡批评工业区领导人的文章都可以不审稿。"在良好而宽松的舆论氛围下，蛇口成为最活跃的区域，有人认为蛇口是"特区中的特区"。

袁庚作为改革第一猛将，被各方瞩目，当时的广东省委书记多次请他出任深圳市市长，但都被袁庚一口回绝，他认为他必须把全部精力都投入蛇口这 2.14 平方公里，他一生参加过很多战役，不允许自己在晚年的最后一战中分神。

1993 年 3 月，75 岁的袁庚离休，定居蛇口。

2016 年 1 月 31 日凌晨 3 时 58 分，袁庚的生命在蛇口画上句号。

闻讯从各区前往蛇口吊唁的市民络绎不绝。

这一天，深圳花店的菊花、百合、勿忘我价格涨了一倍。

这一天，蛇口一带的花店鲜花告罄。

世上再无袁庚，改革仍在进行……

深商列传

2006年，前《南风窗》主编秦朔曾写过一篇《20世纪看外商，21世纪看华商》的展望文章，而在"华商"中他最看好的是"深圳部落"，并且认为在未来的全球商业竞争中，"深圳部落"将会占有重要位置，最应该给予关注。

其实在此之前，"深商"的概念已经形成了，老亨是较早研究深商的人，他认为"深商"具有独一无二的气质，与古代的"晋商""徽商"不同，与近代的"浙商""沪商"不同，甚至与同处岭南的"粤商"也不同。

确实，其他商帮是以地缘、亲缘关系为纽带，经过漫长的磨合才锻造成一个整体的，而"深商"则来自五湖四海，他们没有地缘、亲缘的纽带，更多的是靠一种精神力量凝聚起来的，甚至来不及磨合。

因为"深商"的崛起，深圳才有了和国内各大城市甚至国际大都市叫板的资格。"深商"既是个人概念，也是集体概念。作为个人概念，深圳的企业家也许是最风光的群体；作为集体概念，深圳诞生了一批伟大的企业，它们以初出茅庐的姿态，迅速跻身世界500强企业行列，让世界吃惊。

让我们走近几位企业家，看看他们是如何与这座城市共同成长、互相成就的。

1

2019年，有人称之为"华为年"，这一年素来低调的任正非和他一手缔造的华为，突然成为全球媒体的追逐对象。一家企业居然成为两个大国之间经济博弈的重要棋子，分量实在不可小觑。

但30多年前，任正非创立华为纯属偶然，甚至是被逼上梁山，他坎坷的个人经历也被称为商界阿甘。

任正非1944年出生在贵州靠近黄果树瀑布的一个小山村，父亲是个乡村中学教师，家境清贫，他还有六个弟妹。19岁时考取重庆建筑工程学院，在大学里他靠自学掌握了三门外语，奠定了日后事业基础的计算机、数字技术、自动控制等技术，也是在这个时期开始入门。大学毕业后当了基建工程兵。

1983年，赶上百万大裁军，基建工程兵被整建制撤销。于是他来到了深圳。进入南油集团，成为一家电子公司的副总经理。几年后，因为一笔生意，被骗子卷走200万货款。这在当时是天文数字，任正非吓蒙了。作为国企的南油集团必须追责，任正非被开除了。此时，他的妻子也提出了离婚。任正非带着父母和弟弟搬进了十几平方米的棚屋里，做饭只能在阳台上。为了节约钱，母亲只敢买死鱼死虾，晚上出去买便宜蔬菜与西瓜。当时只能用灰头土脸来形容任正非。

被逼入绝境的任正非知道，咬碎牙也不能倒下。既为了证明自己，也为了圆一个梦想，他萌发了自主办公司的念头。可是办公司，说起来容易做起来难，启动资金哪儿来？这个难题对于当时连吃饭都成问题的任正非，像一座大山。他开始寻找志同道合的合伙人，他用逢人说梦的方式，终于找到了几位伙伴，集资了 2.1 万元，1988 年华为技术有限公司注册成立。当时这样的小公司在深圳多如牛毛。

任正非

华为最开始做电话程控交换机的配件，靠代理香港某公司的程控交换机获得了第一桶金。任正非不甘于永远给进口货做配件，于是他做出了一个重要决定：研发国产的程控交换机。1991 年 9 月，华为租下了宝安县蚝业村工业大厦三楼作为研制程控交换机的场所，50 多名年轻员工跟着任正非开始了一次充满艰险和未知的创业冒险。几乎是孤注一掷，刚刚挣来的钱和全部身家又一次投入进去，两年没日没夜的奋战，在无人看好的情况下，这个既缺资金又缺技术的公司，居然成功地研发出中国人自己的电话程控交换机。

华为的程控交换机以比国外同类机便宜 2/3 的价格，迅速占领了市场，一时间成为香饽饽。华为人还来不及沾沾自喜，任正非又把目标瞄向了更远的地方。

华为手机是手机市场的迟到者，但登场仅几年，便成为三星、苹果之后占据世界市场份额第三的品牌。

众所周知，任正非在华为内部提倡"狼性"文化。他认为"华为发展的历史，其实就是一部不断从虎口夺食的历史，他面对的是老虎，所以每时每刻不能懈怠。"也正是在这种虎口夺食中，华为成为全球最大的通讯商，但也在商界树敌甚多，埋下了跨国的各种官司和纠纷的隐患，日积月累的矛盾终于在 5G 全球部署的大战略中总爆发。

在2019年之前，中国的企业家中任正非是最低调神秘的，从不接受任何媒体的采访，从不参加评选、颁奖活动和企业家峰会，甚至连有利于华为品牌形象宣传的活动，他都一概拒绝参加。直到去年那场惊心动魄的国际争端，他的女儿孟晚舟在加拿大身陷囹圄，这才把任正非推到了前台，他罕见地在央视和其他媒体上频频露面，但极少听到他的过激言辞，他表示"华为只是一棵小草，在把自己脱胎换骨成小树苗的过程中，还需要向西方学习各种管理的东西。"风口浪尖上的任正非，依然是一个低到尘埃里的硬汉，像高仓健，内敛而坚定。

2

与长期神隐的任正非不同，绰号"小马哥"的马化腾一直为网民们熟知，尽管他也低调，甚至略有点腼腆。像一切技术男出身的IT大咖一样，他沉默寡言，他的话都在他的代码中。

1984年，深圳经济特区成立的第四个年头，13岁的马化腾随父母定居深圳，入深圳中学读初一，高中毕业考入深圳大学电子工程系计算机专业。1993年大学毕业，顺风顺水进入深圳市润迅通讯发展有限公司，做软件工程师，很快升任开发部主管。当时通讯市场的宠儿是寻呼机，俗称BB机，而润迅是中国最大的寻呼机生产商。本来他可以在这个大公司中继续顺风顺水地发展。

但总有些鸟儿关不住，马化腾还是像脱缰的野马向着前途未卜的世界奔腾而去。在润迅待了5年之后，他辞职和同学一道注册了深圳腾讯计算机系统有限公司，公司起名为腾讯，不知是否有点向老东家润迅致敬的意思。据他后来回忆，作为一家没有风险资金介入就成立的十几个人的小软件公司，初期的每一笔支出都让他和同伴胆战心惊。

他的第一个产品是OICQ，也就是QQ的鼻祖。聊天软件开发出来，倒是大受欢迎，可是他们不知道怎么靠它赚钱。又正逢2000年前后第一次互联网泡沫破裂，没有风投进入，连一台两千元的服务器托管费都让他们不堪重负，他们差一点以60万的价格把QQ卖给深圳电信数据局，但终因价格没谈拢告吹。

QQ用户激增，运营费用也激增，小马哥只好四处筹钱，这个写代码很潇洒的人，找人投资却

马化腾

四处碰壁。找银行，行长说没听过凭"注册用户数量"可以办抵押贷款的；找国内投资商，他们关心的是你有多少台电脑和固定资产。此时马化腾听一位老网友说，他们从美国融到了资，受此启发，马化腾开始把目光投向海外。天无绝人之路，就在小马哥口干舌燥之际，他遇到了美国的IDG和香港李泽楷的盈科数码，他们反复研究着马化腾改了6版、20多页的计划书，最终决定给QQ投资400万美元，占公司40%的股份。这个天上掉下来的大馅饼，把马化腾砸晕了，很久都没回过神。

自此，腾讯这匹马真的飞起来了，QQ铺天盖地地扑向网民，一段时间之后，人们已经习惯于打开电脑，就把QQ挂在Windows桌面上，上网即QQ，每天都有无数只企鹅在网民的屏幕上翩翩起舞。

腾讯又以QQ用户为核心，建立起中国最大的休闲游戏网站，他们牢牢抓住了青少年的需求，在青少年眼中，谁没打过"王者荣耀""怪物大作战"，谁就是老土。不过，给腾讯带来丰厚利润的游戏，也成为亿万家长们的眼中钉、肉中刺，常常在网上声讨小马哥，却又无可奈何。

腾讯的游戏业务聚拢的不只是资金，还有人群，QQ空间成为新的社交空间，中国三大门户网站之一腾讯网、腾讯新闻客户端和网络视频服务腾讯视频等，已经占据网民的诸多空间。

直到微信的推出，腾讯在互联网界成为真正的巨无霸。

2011年1月21日，至今还在被很多人津津乐道，这一天叫作"微信"的即时通讯软件粉墨登场，一时"红包"满天飞舞，这个带有广东"利是文化"的"红包"，就此成为中国人最便捷的金钱交换方式。微信除了QQ的所有功能之外，它横跨不同运营商、操作平台，通过各种社交插件，实现了文图及音视频的无缝传播。这些还不足以让人叹服。

微信以"朋友圈"的方式一统江湖，几乎再造了中国人的另一个虚拟社会。微信之前，人以群分，以酒桌饭局为主；微信之后，人以圈分，以微信群组为主。并由此诞生了一个职务"群主"，该职务被戏称为"国家最低领导人"。

如今，微信支付已经成为最普遍的支付方式，据说连乞丐要饭都会随身带着二维码，以便用微信扫码。

现在人们的唯一疑问是，小马哥与他的企鹅帝国未来还能够给世界带来什么样的惊喜？

3

华为和腾讯作为深圳最著名的公司，一直为媒体和公众所熟知。但在深圳最赚钱的公司还不是他们，深圳最赚钱的公司是平安。2019年，华为年收入8588亿元，腾讯年收入3772亿元，而平安年收入接近1.2万亿元，几乎是华为和腾讯的总收入之和。目前，深圳的第一高楼也是600米高的"平安国际金融中心"。

最会赚钱的平安老总也是一匹马：马明哲。

坊间一直传说马明哲曾经是袁庚的司机，马明哲曾就此专门撰文："我倒真的希望如此，可惜我无此荣幸。"但在他的心目中，蛇口精神之父袁庚永远是他的指路明灯，亦是他本人终身受益的恩师。

20世纪80年代初，马明哲是蛇口工业区劳动人事处的一名普通干部，负

马明哲

责员工工伤保险等福利工作，当时工人经常发生工伤事故，他就是从那个时候开始关注商业保险。1986年，他把想法写成报告递了上去，提议"传承百年招商，重操保险旧业"。这个建议在当时听来如天方夜谭，他说完也就忘了，不料此提议竟意外获得袁庚的关注和支持，并表示要见见这位提议者。很快，马明哲被安排从蛇口乘船到香港拜见了袁庚。31岁的马明哲这才第一次面对面见到自己的偶像，他说："袁董当年就是蛇口的神，通常只能在报纸和电视上看到他。"结果他开始了准备充分的汇报，袁庚刚听五分钟就打断了他，说："可以，怎么做？"

这次见面，让他成立商业保险公司的梦想成为现实。

1988年5月27日，13名员工的平安保险公司在蛇口挂牌成立，这是中国的第一家股份制、地方性的保险企业。

接触过马明哲的人对他的印象都是淡定深沉，惜字如金。如果说任正非低调，马董比任董更低调，以至于平安保险无人不晓，却鲜有人知道掌舵者是何长相，顶多知其名而未知其详。以至于江湖上只能听闻他的传说。

但在金融方面，如果大家要合伙做生意，肯定会第一个找马明哲，因为平安具备了真正意义上的"金融全牌照"，业务覆盖了银行、证券、期

货、保险、基金、信托、租赁等，是国内屈指可数的几家全牌照企业之一。

此外，平安保险成立没几年，就花大价钱请来世界上首屈一指的管理咨询公司麦肯锡为平安做管理方案。并且，他们拥有全世界最专业最国际化的管理团队，平安的前100名高管中，60人是外籍人士。

外人知道的平安保险只是金融企业，殊不知他们在互联网圈也很玩得转，早在2013年，马明哲就和马云、马化腾联手成立了众安在线财产保险公司，直接在网上卖保险，这是国内首家互联网保险公司。众安保险的所有业务流程全程在线，全国均不设任何分支机构，完全通过互联网进行承保和理赔服务。几年后在香港主板上市，还未上市时估值就到了800亿元。"三马同槽"成为当年中国商界的一大佳话。

事实上，早在10多年前，马明哲就带着中国平安进入了技术领域。他自称是"科技迷"，一再强调，要在确保金融产业稳定增长的前提下，加大科技投入。他的视线已经从摩根和花旗转移到谷歌和亚马逊。近十年来，中国平安旗下的"平安科技"投资500亿元，资助科研人员20000余人，在云计算、人工智能等领域获得了专利5000余项。

中国平安从保险开始萌芽，已悄然成为科技圈和金融圈的巨无霸，就像南方独有的榕树一样，独木便可成林。

从一家单一产险公司发展成为中国三大综合金融集团之一，跻身于《财富》世界500强第29位，《福布斯》全球2000强第7位，市值及品牌价值居全球保险集团第一位。

这些数字傲娇得不行，但马明哲更愿意隐身在我们看不到的地方。

4

其实就在30多年前，平安保险挂牌的招商北路十栋那个小楼里，还有一家公司日后成长为世界500强企业，甚至他们比平安还早挂牌了一年。

这就是招商银行。

同样的"蛇口基因"，同样的"春天故事"。

1984年，当时蛇口工业区已经有上百家企业，财务人员发现，同是工业区辖属企业，在同一家银行里，有的在存钱，有的在贷款，一存一贷之间一下子便损失了部分利率差。为解决这个问题，袁庚决定并在当年4月成立了全国第一家企业内部结算中心。次年，又升格为财务公司。

这年秋天，国务院副总理兼中国人民银行行长陈慕华来蛇口视察工作，袁庚抓住机会向她建议：国内只有工、农、中、建四大国有银行，尚无商业银行，可否让招商集团探索一下，创办一家中国式的商业银行。陈副总理当即说："老袁，你来办，我放心。"

于是，1986年5月5日，蛇口工业区管委会一纸报告递到央行，短短3个月后，中国人民银行发文《关于同意试办招商银行的批复》，并确定"招商银行是深圳经济特区蛇口工业区投资的综合性银行"。那个激情燃烧的年代，一切都来得恰到好处。

兼任招商银行首任董事长的袁庚开始四处物色行长，眼看批文限定的半年筹备期就要到期，行长人选却还没着落。袁庚开始鼓动蛇口工业区副董事长王世祯出任，王不肯就位，这位高级造船工程师，自认对金融一窍不通，怕负不起这个责任。袁庚哄他："你先干着，一边干，我们一边找人，找到人你就下。"王世祯架不住袁庚的软硬兼施，最后硬是被赶鸭子上架。

结果王世祯这一干就干了12年，并且这位金融白丁领着3间房里的34名员工，以1亿元注册资本、1家营业网点的可怜规模，向中国的金融业发起了一轮又一轮冲击。当时王行长的办公室只有6平方米，有人向他汇报工作，只能站着。但员工宿舍取名"四海"，名字大气，环境简陋。

招商银行横空出世，让银行界大吃一惊，他们喊出了一句被金融圈后辈至今反复引用的话："得账户者得天下。"

老百姓开始风传，在招行的营业厅可以喝免费的牛奶、咖啡，吃免费的糖果，连排队都是坐着的。一下子，储户便从其他行取出积蓄存进招行。

不光营业厅是异类，招商银行1995年推出堪称划时代的产品"一卡通"，当时的百姓只认识存折，据说有人对这张单薄的卡将信将疑，一晚上跑了好多趟ATM机，看见自己的存款纹丝不动，这才放心睡觉。

老百姓越方便，银行工作人员就越辛苦，为了推广一卡通，招行以分行为单位，全体员工周末无休，上街摆摊。拉住路人推荐银行卡，办卡送小礼物，把银行做成零售模式，这是招行的创举。

1999年，招商银行迎来了第二任行长：马蔚华。

马行长是一副标准的银行家形象，深色西装、细条纹衬衣，领带永远打得周正，头发始终一丝不苟。这位共和国的同龄人，做过知青，当过铁路工人，先后获得吉林大学经济学硕士学位、西南财经大学经济学博士学位。并担任过央行办公厅副主任、计划资金司副司长、海南省分行行长等职务，士、农、工、商皆有经历。

不料即将上任前夕，就有两件大事在等待着他。

第一件是，央行计划下发文件叫停商业银行的离岸业务，而招商银行的离岸业务多达15亿美元，叫停的消息一旦被境外储户知道，发生挤兑，后果将不堪设想。亲手处理过海南发展银行倒闭的马蔚华意识到，"如果不能解决这个问题，银行就会猝死"，于是火速北上进行沟通，恳请央行先不要发正式文件，以免走漏风声，他的央行人脉为他们最终争取到了缓解的时间。他回到深圳，用各种方法筹措外汇资金以备储户提取，终于这场危机在他的努力下化解了。

第二件是，在他上任的前一天，沈阳突然纷传"招商银行行长携款潜逃"，担心存款安全的储户纷纷去银行取款，不明真相者竞相跟从，遂引发沈阳分行的挤兑事件。挤兑一旦蔓延全国，后果不堪设想。当时人在香港的马蔚华，一面请求央行的再贷款支持，一面电话要求沈阳分行的人员："务必保证储户顺利取款，不得阻拦。"而且他具体要求，把现金在柜台上高高堆起，让取款人都能

马蔚华

看见，如果钱堆低下去，随时补上。他深知，此时信心重于一切，即使银行员工心里在流泪，也要微笑着面对所有的储户。挺过了9天9夜，挤兑风波安然度过。

在马蔚华主政的15年里，用得最多的词是"危机""转型"。

因为他知道，老本迟早是要吃光的。当年靠着服务，成为国有五大银行以外效益最好的银行，业绩甩开了其他商业银行。但如果要做最好的银行，就必须要进行转型，只有这样，才能冲出国门，走向世界，做国际性银行。他定下的新目标是：进军华尔街。

2000年，招商银行开始酝酿零售业务战略。他们把个人存款放在重中之重，为此信用卡业务被提上日程。当时的国人还不习惯"欠钱消费"，中国的信用卡市场几乎是零，起初应者寥寥。招行在启动信用卡新闻发布会上，为现场的每一位记者和嘉宾准备了一张信用卡申请表。

招商银行首年发卡60万张，刷新VISA在亚太地区的纪录。到2006年，招行信用卡占据国内1/3的份额。单卡月均消费1560元，接近美国1600元水平。原本估计8年盈利的项目，仅仅4年后就开始产生可观的

利润。"金葵花卡"成为很多都市人的身份象征。一天,马蔚华在吃饭时接到从东北打来的电话,那英说想要一张招行的金葵花卡,正在和赵本山吃饭,看到席间大家都有,就她没有。

招商银行像一个冒险家为中国的银行业开辟了新大陆。

马蔚华很喜欢一副对联:

鸟在笼中,关羽不能张飞;

人在世上,八戒尚需悟空。

他曾向记者解释过这副他在出差福建途中看到的对联,他寄望通过不断的创新,来使招行获得挣脱"笼子"、展翅高飞的能力,而分别代表制度与文化的"八戒"和"悟空",则是创新能力赖以产生的土壤和保障。

自2002年始,招行进行了两次著名的转型。第一次转型确立了零售战略,第二次转型完成了发展模式从外延粗放型向内涵集约型的转换。

2003年10月,招商银行美国代表处在纽约开业,地点设在华尔道夫酒店的星光大厅,富有意味的是,108年前有一位中国的贵宾在这里住过,他就是"睁眼看世界第一人"的晚清大臣李鸿章,正是他一手创办了招商局。又过了5年,招商银行纽约分行终于鸣锣登场。马蔚华的"华尔街之梦"终于做成了。据说当时接到获批的越洋电话时,马蔚华泪流满面。

铁打的银盘,流水的行长。2013年,65岁的马蔚华把接力棒交给了"60后"田惠宇,他大学毕业就进入银行界并从未离开,拥有哥伦比亚大学MPA硕士的亮丽学历,也有在建行总部及北京、深圳分行行长职位的历练,由他接棒,让人产生很多新的期待。

田惠宇对于媒体而言有点神秘,有少数接触过的记者形容他给人的印象是:行事果断,目标坚定,酷爱学习。在他上任的近半年时间里,以稳健著称的招行逐渐表现出进取的野心。

更无柳絮因风起,唯有葵花向日倾。司马光的这两句诗,用在招行身上非常恰切，他们始终在小心翼翼地呵护和客户之间葵花与太阳的关系。

在招行大厦里，金葵花处处绽放。

5

与很多企业家对媒体避之不及相反，万科的王石非常享受和记者的良好互动，面对镜头，他思维敏捷、妙语连珠，时时掌握着谈话的主动。

这也许和他内心对自己的定位有关，在许知远的《十三邀》节目里，他说直到五十岁之后，才开始承认自己的商人身份，而在此之前他甚至对商人身份颇为不屑。

1978年，这个27岁的年轻人在罗湖桥铁路沿线做排水技术员，当时他刚从兰州铁道学院毕业不久，他经常站在罗湖桥头遥想对岸的情形。那时他睡在建筑工地的竹棚里，枕边放着一本翻烂的《大卫·科波菲尔》。他做梦也想不到，有一天他会成为中国市场经济中举足轻重的人物。

此后，他从铁路系统跳进广东省外经委，但很快他就感到说不出的难受，向往自由的年轻人是不甘于被圈起来的，他觉得体制内的未来已经被固化了，他甚至想到几十年后自己的追悼会将会怎么开。于是他逃离机关，又折返深圳，当时的深圳似乎只有一条光明大道：经商。

1984年，一家名为"深圳现代科教仪器展销中心"的公司成立，名为科教仪器，用王石自己的话说，除了武器、毒品之外，什么都做。

四年后，公司更名为万科，开始专做房地产。虽然他带着一群小伙伴，把万科打造成全球最

王石

大的住宅公司，但他从不认为这有什么大不了的，因为在他看来，当时做房地产是"挖个坑就能赚钱"。他志不在此。

虽然万科无疑是成功的房地产公司，但《万科周刊》在年轻的白领中更有市场，这份没有公开刊号的内刊，一时在坊间洛阳纸贵。王石还挖来了影视制片人郑凯南，投资拍电影，1991年推出了中国第一部电影贺岁片《过年》，获得了第4届东京国际电影节评委会特别奖、第15届大众电影百花奖最佳故事片奖等国内外奖项。此后的电视连续剧《钢铁是怎样炼成的》在荧屏上大放异彩，后来还拍了《牛虻》，等等。由此可以看出，王石内心的文艺情结，远远大于他从卖房子中获得的快感。

万科在商业的道路上一路顺风，王石在文艺的道路上恣肆汪洋。他越玩越嗨，登珠峰、玩赛艇、玩滑翔伞，让很多年轻人情何以堪。他还热衷于给手机、手表等奢侈品拍品牌广告，很有表演天赋。在他看来，一个梯队成型和制度保障的万科，有没有他都可以，这才是健康的。但在常人眼里，他是不务正业，作为一家上市公司的董事长，有1/3时间在外玩极限运动，这让他们感到了不安，公众有权质疑。

伴随着王石一生辉煌的，自然就是各种非议，而他也毫不在意地做着自己。有段时间，王石在电视、网络、纸媒上，只要一露面，便能引来口诛笔伐，而越这样他越兴奋，索性我行我素到底。直到后来与演员田小姐的八卦新闻，一度占据了娱乐版的头条。从而引燃了舆论的爆点，利弊参半，旁观者说："老男人恋爱就像老房子着火，没得救了。"

终于有一天，"野蛮人"来敲门了。万科的优质资产，引得包括宝能在内的众多投资人垂涎欲滴。面对宝能资本向控股权的步步紧逼，万科全面反击。"宝万之争"正式开打，读大学前在新疆吐鲁番盆地当了5年兵的王石，依然有军人的热血，而潮州商人姚振华则懂得以柔克刚之道。高调的王石和低调的姚振华频频过招，难分胜负。王石甚至放出话，谁都可以入主万科，唯宝能不行，因为他"信不过"。而姚振华则认为王石意气用事，市场经济不能看人下菜碟，双方多番交手，互不退让。后来王石联合深圳地铁公司，击退宝能。

最终结局是，王石退位，姚振华被罚。有人认为是双输。是非输赢，留待后人评说。

彻底离开万科的王石，愈发过得散淡自由。他去哈佛读经济，去以色列读哲学，俨然享受着学术的甘霖。红袖添香，美人陪读，好不快哉。

有经济学家曾经评说，深圳的企业家之所以能我行我素，与深圳极其宽容的政府和社会有关，在这里你只要不违法，想干嘛干嘛，没人干涉。

6

深圳除了老王，还有一位小王，被称为商业奇才，这就是比亚迪的董事长王传福。

沃伦·巴菲特是世界第一的投资家，投资过比尔·盖茨，他的投资兴趣在股票、基金、电子现货等方面，对投资制造业了无兴趣，更遑论投资汽车，而且还是来自中国的汽车。但这一切都是在他没有遇到王传福之前。

2008年，78岁的巴菲特见到了42岁的王传福，两人相谈甚欢，尽管在此之前不断有人向他提起过这个人，但是交谈之后，他还是大为惊艳。一向谨慎的老巴毅然决定投资新能源汽车比亚迪，原来无论是高科技还是汽车，都不是他喜欢的投资项目，他称这是他和科技股的"初恋"，并且更明确地说："押注比亚迪，并非看重比亚迪产品，而是王传福这个人。"

不能不佩服老人家的眼光，他确实没看走眼。

王传福是安徽省芜湖市无为县人，作为家境贫寒的农家子弟，他没来得及享受太多的母慈父爱，少年时父母即先后去世，五个姐姐陆续出嫁，妹妹被寄养在别处,而哥哥也从此退学开始工作赚钱养家。家境贫困到根本吃不起奶粉。苦难让他从小就比同龄人早熟,不爱说话,不爱交往,但他知道唯一的出路就是读书,因为只有读书可以改变他的命运,也只有读书才可以让他报答照顾自己的兄姐。

巴菲特(右),王传福(左)

他本科、硕士都是读冶金物理专业,并如愿留在北京有色金属总院,26岁时就成为副处级研究室主任。但总有一个声音在他的耳边响起,29岁时辞职,从做房地产的表哥手中借到250万元,来深圳创办了比亚迪。他研究的专业是电池,于是便从熟门熟路的手机锂电池入手,继而进入汽车充电电池行业,在这位"技术狂人"的带领下,没几年工夫,比亚迪拥有了电池行业的诸多专利,并迅速成为世界第二大充电电池生产商,让索尼、三洋等行业大佬感到恐惧。

就在此时,厌倦了给汽车配套生产电池的王传福,竟一个转身,直接杀入汽车制造业。因为他敏锐地判断出,随着石油资源的逐渐匮乏,以及环境保护的日益严格,未来的汽车市场将是电动汽车的天下。国外有特斯拉,国内尚无真正叫得响的品牌,这个蛋糕太大了,此时不入市更待何时?

虽然对汽车,王传福是个十足的"门外汉",但他绝不服输的性格,让他发誓要做最好的汽车,而且要做自主知识产权的汽车。短短一年内,比亚迪汽车便从微型轿车扩展到锂离子电动汽车、混合动力汽车在内的全线产品。

而且王传福造汽车的思路与众不同，一般的汽车厂商首先会把目标放在家用车市场，因为数量会更大，但王传福的选择从油耗更高的运营车切入，因为他造车是从传统的汽车嘴里抢粮，而油耗更高的出租车、公共大巴、工程车是他最初的主攻对象，这一类车"不卖则已，一卖便会惊人"，占领一个客户就会销出去一批。

一时之间，深圳的大街上突然出现了一批造型独特的蓝色出租车，和传统的红色出租车分庭抗礼，一段时间后，性价比更好的蓝色出租车竟呈现出更大的优势。当然，比亚迪对私家车的渗透，也大有后来居上之势。

民间一直对比亚迪的名字和车标津津乐道，何为BYD，有人按照把宝马BMW直接读成"别摸我"的套路，把比亚迪的BYD调侃成"白洋淀"，其实，这是比亚迪公司理念的缩写：Build Your Dreams，意思就是：成就你的梦想。近几年，比亚迪的车标开始中国化，他们推出了富有汉文化特征的"秦""唐""宋""元"系列车，让喜欢中国元素的消费者对那些篆字车标喜爱有加。

比亚迪作为中国不多的真正自主研发制造汽车的企业，已建成西安、北京、深圳、上海四大汽车产业基地，在整车制造、模具研发、车型开发等方面都达到了国际领先水平。比亚迪正利用独步全球的技术优势，为人类进入"汽车社会"后寻找到一个能够解决能源短缺、清洁环境和生活便捷三位一体的最佳方案。王传福个人也以350亿元的身价位列胡润百富榜内地首富，成为急速缔造自己财富帝国的又一个传奇。你如果以为王传福就此满足，那你就错了。

王传福的理想深不可测，不是一个比亚迪汽车可以承载的。

2016年，比亚迪在深圳举办了"云轨"全球发布会，正式宣告进军轨道交通领域。"云轨"是比亚迪针对世界各国城市拥堵问题推出的战略性解决方案，将成为城市居民未来便捷的新型交通工具。

有人问王传福，为什么又要做云轨？他的回答是，云轨的建造周期只有地铁的1/3、造价是其1/5，特别适合二三线城市，也可以作为一线城市支线。既能解决拥堵问题，又能实现城市的电动化，无疑也是一个万亿级市场。

从电池到汽车再到轨道交通，王传福和比亚迪继续朝着梦想走去。

7

深圳是一个魔方似的城市，你不知道它会变成什么样，但你会知道它唯一不变的，就是永远在变。

有一家在变与不变中始终保持着某种平衡的企业，它从诞生之日起就一直是深圳的明星企业，35年从未脱离过高光时刻，它就是华侨城集团。

凡到深圳旅游过的人，几乎到处都能看到华侨城的痕迹，锦绣中华、民俗文化村、世界之窗、欢乐谷、东部茵特拉根小镇等，让你避无可避。即使你没有进过任何华侨城的景点，但你在深南大道自福田向南山西进的路上，远远便可看见高高耸立的埃菲尔铁塔，尽管它只是巴黎原版的1/3，却已成为深圳西部的地标。

20世纪80年代的深圳湾很荒凉，国务院批准由香港中旅集团投资开发占地5平方公里的深圳华侨城，但具体做什么、怎么做？谁也不知道。1985年5月，时任香港中旅总经理兼华侨城指挥部主任的马志民，率队去欧洲考察。当他们来到荷兰，被一个景点"小人国"吸引了，马志民瞬间豁然开朗，他想，小小的微缩景观能尽览荷兰名胜，为何不把中华五千年文明史和丰富的旅游资源浓缩成一园，让游客在短短的时间里，领略中华民族的人文与自然。深圳既无老祖宗留下的名胜古迹，又缺大自然赐予的名山大川，那咱们干脆把别人的好东西都拿过来再造一个前所未有的景点。

就这样，中国的第一个主题公园"锦绣中华"微缩景区诞生了，"一步迈进历史，一天游遍中华"的口号引来万众瞩目，开园当天没有庆典，也没有宣传，始料不及的是首日入园人数就超过 3000 人次，不久之后恰逢国庆，每天有 3 万多人涌入园中。锦绣中华甚至在电视上播放了第一则广告："希望深圳本地市民暂时不要参观锦绣中华。"1989 年 11 月，锦绣中华才名正言顺地举行了开幕仪式，各界对它好评如潮。1 个亿的投资当年就全部收回，让同业眼红。

此后，便是中国民俗文化村、世界之窗，毗邻的三座主题公园，组成了独树一帜的华侨城旅游文化景区。游人也便从"一天游遍中华"升格成了"一日走遍世界"。

华侨城挟主题公园之威，立刻成为中国文化产业界的典范企业，其首创的"文化＋旅游"模式被各地旅游业竞相引进。

1993 年，马志民退休，43 岁的少壮派任克雷接棒，任克雷当时是深圳市委副秘书长兼办公厅主任，仕途大好，却选择从商。其父是原广东省委第一书记任仲夷，任仲夷 1980 年从习仲勋手中接过改革开放大省的重担。

在任克雷上任之初，华侨城和当时的大多数国企一样，追求大而全，涉及的业务种类繁杂，涵盖了旅游、电子、纺织、印染、玩具、自行车、照相机等 30 多个行业。

此时，如何转型、如何改革，成为摆在任克雷和华侨城面前最重要的难题。或许是本身家族所拥有的"改革因子"起了作用，他像个整容医生，果断地对华侨城实施了大刀阔斧的"瘦身计划"。三年之后，瘦身成功的华侨城确定了持续至今的三大主业：旅游、地产和电子。

除战略布局调整之外，任克雷还带领华侨城在内部的股改与对接资本市场方面逐步向现代企业迈进，2009 年 11 月，华侨城集团实现了主营业务的整体上市，而"文化＋旅游＋地产"的业务经营模式就此确立。

马志民 　　　　　　　任克雷 　　　　　　　段先念

任克雷在第一代主题公园的基础上，开始全面升级，兴建了国家级美术馆"何香凝美术馆"，这是继中国美术馆之后的第二个国家现代博物馆。继而在推出迪斯尼模式的第二代主题公园"欢乐谷"之后，又打造出第三代旅游产品"东部华侨城"，成为国内首个集休闲度假、观光旅游、户外运动、科普教育、生态探险等主题于一体的综合性国家生态旅游示范区，以瑞士小镇茵特拉根为核心的景区，成为世界级的旅游度假胜地。2012年春天，第四代产品"欢乐海岸"隆重登场，位于深圳湾商圈腹地，熔滨海旅游、休闲度假、现代商业、创意娱乐等为一炉，华侨城已经成为深圳旅游的名片，在国内旅游业业绩榜上长期占据榜首。

2014年，在华侨城整整耕耘了21年之久的任克雷，也到了交班的时候。接任者同样为人瞩目，比任克雷小了8岁的段先念，是西安市副市长，与任克雷先从政再从商的经历有些相似，但这位官员其实也是从文化产业起家，担任过西安曲江新区管委会主任，他最为外界称道的是开启了著名的文化产业发展的"曲江模式"。文化部授牌的国家级文化产业示范园只有两家，一家是华侨城，另一家正是曲江新区。

段先念执掌华侨城的第二个月，《国家新型城镇化规划（2014—2020年）》发布。好雨知时节。彼时的华侨城正被旅游地产模式掣肘，一二线城市巨量存货和周转短板之间的矛盾格外突出，从2009年销售额突破150亿元后，业绩一直在200亿元以下徘徊。如何让华侨城从大城市抽身成为新的课题。2015年8月，段先念正式提出"文化+旅游+城镇化"发展战略，开启了"对内改革、对外开放"的战略转型。

龙岗区甘坑村曾是个脏乱差的客家老屋村，华侨城文化集团总经理胡梅林回忆他第一次来这里的情景："一下暴雨，水能淹过膝盖。没想到深圳还有这样被遗忘的角落。"但胡梅林带着他的团队进入后，以客家文化为基础和核心，挖掘和开发本土文化，打造出一个可与凤凰、大理媲美的特色小镇。如今到"甘坑客家小镇"漫步沧桑的鼓楼、家风家训博物馆、客家体验农场、小凉帽酒店、VR乐园，品尝传统手工作坊里"客家腌面"的美味，已成为远近游客的赏心乐事。

经过两年多的转型和布局，华侨城提出中远期发展规划："十三五"末，营收达到1500亿元，净利润达到200亿元；未来10年到20年，在全国建设100座像"甘坑小镇"这样具有中国传统民俗文化特色的小镇，再造20个华侨城，城镇化收入超过千亿。

中国旅游业的航空母舰依然动力十足，正驶向更广阔的蓝海。

8

离甘坑小镇只有二十公里的地方，隐藏着一个神秘的机构，这里环境清幽，却无游客足迹。这就是名声在外的华大基因，和它争议不断的掌门人汪建。

汪建是个让人难以琢磨的人，他的身上拥有各种复杂的元素，有人认为他很神，有人认为他很狂，有人认为他很妖，无论褒之贬之，总之属于人中极品。

他学医出身，却完全不是大众印象中穿着白大褂、仙气飘飘、语词严谨的人；他留学美国，却也不是满口术语、中文夹着英文的海归做派，却反而带着与生俱来的湘西土匪的桀骜不驯；1998年，他曾一路披荆斩棘地从体制外杀进体制内，2007年，又从体制内出走体制外。

平时喜欢穿着一身朴素简单的运动装，如果不介绍会让人以为是个退役的户外运动教练，他也确实曾和王石一道从南坡登上过珠峰。

汪建

他一手创立了华大基因，并且以120亿元人民币进入了《胡润全球富豪榜》，他声称要把人类的平均寿命提升到100岁以上。

先把时针倒拨回20世纪90年代初，美国政府启动了"人类基因组计划"，当时汪建在华盛顿大学从事研究工作，他和几个留学生就想把这个计划搬回中国，为承担人类基因组计划"中国部分"，他们建立了北京华大基因研究中心。按照汪建的说法，刚开始建立华大时的心境是"四十不惑，学有所成，家中殷实，再创辉煌"。他在1998年担任中国科学院遗传所人类基因组中心执行主任。1999年，汪建等人代表中国向人类基因组计划提交了注册申请，使中国成为继美、英、日、德、法后的第六个加入该计划的国家。2003年的抗击非典中，他们第一时间破译了SARS病毒基因组序列，成功研发并向国家捐赠了30万份诊断试剂盒。

但他逐渐发现，在体制内他太渺小了，渺小得像一粒无足轻重的沙子。

于是，在2007年率领研究团队南下深圳，创办深圳华大基因研究院，任院长，并任深圳华大基因科技有限公司总裁。他们在深圳沿海的一个角落里，搭建了一个属于自己的小世界。

之所以选择了深圳,据汪建解释"是为了到一个不争论的地方"。

2007年10月11日,年轻的华大团队对外宣布,他们已经成功绘制完成第一个完整《中国人基因组图谱》,这也是第一个亚洲人全基因序列图谱。

汪建自信地认为,他投身的是有史以来最大的一场科技革命,怎么说它都不为过,因为他们的研究将会造福人类,让人消除基因性疾病,让大家都能活得更长久、更健康。

他的愿景是,通过对基因的深入研究,消灭传染病,攻克癌症、艾滋病等绝症,而且他预计这已经不遥远了,将会发生在我们这一代人的有生之年。太容易让人激动的事情,也太容易让人怀疑,外界的质疑从未间断,生老病死是新陈代谢的自然规律,人能干预得了吗?汪建闻言立刻就反问:"生老病死,为什么要听天由命呢?大家都说是自然规律,什么样的规律呢?"

他坚信自己的执着终有回报,而和他争论的人都还活在工业时代,他一再强调他不属于工业时代,因为在他看来经过了农业时代、工业时代,即将到来的是生命时代。他正在从事下一个生命时代的事业,每日在当下和未来之间穿越。虽然年届古稀的他也很累,但依然斗志旺盛,倔强如初。

在汪建的世界观中,过往时代兴衰的洪流皆因"科技"带来,未来也将遵循这一定律。在下一代科技趋势中,他认为:"幸福很难量化,美丽也是见仁见智,但健康和长寿是可以量化的。"这也是华大基因研究的价值所在。

在完成"中国人基因组图谱"后,华大基因又提出了百人基因组计划,将基因组图谱扩展到100个黄种人、100个黑种人及100个白种人。这个计划得到了包括美国在内的多国科学家的支持和参与,扩展成为一个更加宏大的"千人基因组计划"。这个计划加上后来华大主导的"人类肠道基因组计划",让华大基因的角色实现了从人类基因组计划时的参与者到引领者的跨越。为解决所有设备均由国外仪器商提供的瓶颈,2013年,华大基因索性斥巨资收购了美国上市公司——三大高通量测序仪制造商之一——完整基因组公司(CG)。此举不仅实现了基因测序仪器的国产化,也为华大基因引领全球基因组学的大数据和大产业发展带来了新的机遇,更为中国基因产业引领世界写下浓重的一笔。

汪建为华大基因设计的路线图是从"科技服务"走向"医学服务",最终目标是在基因测序和分析成本大幅度下降、生物大数据足够丰富后,建立一个所有人都能在常规诊疗中享受基因科技产业化成果的"人人服务",若干年后,也许你只要用几十元就可以测基因,知道自己的基因哪儿有问题,哪儿需要修改,从此告别疾病,健康长寿。

华大基因目前相继设立了美洲、欧洲及日本等分支机构,业务遍及全球60多个国家和地区。

汪建确实狂,但他在提到深圳时,语气会和缓下来,他说深圳肥沃的创新土壤,滋养了华大基因等大批创新企业,让他们在产学研方面得到了迅猛发展,如果换到其他地方,也许他们早就自生自灭了。

9

如果说汪建是"老夫聊发少年狂",那么另一个小汪就是真正的少年狂了。他是大疆无人机的少掌柜汪滔。

汪滔的狂不但表现在他做着前人没做过的事,还在于他经常会脱口而出别人没说过的话,甚至是不敢说的话。

比如汪滔说:"这个世界太笨了,笨得不可思议。"汪滔还说:"现在那些为了钱和名的人,都是蛮low的。"而他刚三十而立,就已经是亿万富翁了。汪滔不喜欢毕加索，称其为"皇帝新衣教的图腾"，他公开说："99%的人不敢直说他的画丑，是因为皇帝的新衣的心态。"

在汪滔的眼里，对世人只有两种分法：一种是笨人和聪明人，另一种是好人和坏人。这个理工男用极简单明快的方式解构着世界。

不过虽然他如此推崇"聪明至上论"，可是当初用世俗的衡量标尺，他自己也未必能算得上太聪明。

汪滔

出生于1980年的杭州人汪滔，在华东师范大学电子系读到三年级时，选择了退学，他向斯坦福、麻省理工等世界名校发出入学申请，但他的成绩中等偏上，被各名校拒绝。只能退而求其次去了香港科技大学读电子工程系，成绩平平。接着边开公司边读研究生，用了5年时间才拿到硕士学位。也许在他看来，聪明和成绩无关。

但在另一个领域，他的聪明被发挥到淋漓尽致：无人机。

一切源于他儿时看过的那本漫画书《动脑筋爷爷》，那架红色的直升机从此就飞翔在他的脑海里。上学后更是迷上了航模，总是梦想让直升机在自己的掌控下，想停哪儿就停哪儿，想停多久就停多久。

为此，他给自己选了毕业设计课题：直升机飞控系统。香港科技大学拨给他1.8万港币经费，他不眠不休地奋斗了5个月，终于开发出了让直升机在空中悬停的飞控系统，遗憾的是最终飞机还是从半空中掉了下来。他的毕业设计也只得了个B-。

塞翁失马焉知非福，他对无人机的执着引起了机器人研究权威李泽湘教授的注意，遂主动把汪滔招为自己的研究生。当聪明人遇到聪明人，往往会成就伟业。

2006年，汪滔和他的两位研究生同学来到深圳，在车公庙一间不足20平方米的仓库里创办了大疆科技公司，有点类似比尔·盖茨和乔布斯在车库开始创业的故事。当不久后从仓库搬进莲花北村的一套民居时，创业伙伴只剩下了汪滔一人，一人留学，一人工作。公司也难以招到优秀人才，应聘者推开门，一看是小作坊，立刻掉头就走。勉强录用的人也就不懂无人机，他还要负责培训。

走马灯一样轮换的员工中，几乎没人能信这个天天说梦的人会成功，只有汪滔自己相信。他有个习惯，一有灵感就马上打电话和员工讨论，时间一长，有人下班后就把手机放进铁盒里，这样永远是无法接通。汪滔称这段历史为"黎明前的黑暗"，还没等第一代产品问世，前几批员工都纷纷选择了离开。

此时，还是他的导师李泽湘伸出了援手，他不但带来了资金，还带来了一批学生。随着第一款较为成熟的直升机飞行控制系统XP3.1面市，大疆曙光初露。此后他们迅速把销售操控软件，转化成制造整机，这是大疆的第一步跨越。

第二步跨越是把无人机精确锁定在了个人消费市场。在大疆之前，国外无人机研发的方向都是供专业用途，但汪滔敏锐地意识到，随着摄影技术的数字化，越来越多的摄影师甚至普通人都有对无人机拍摄的需求，而普通人的消费市场那将是一个多么巨大的市场。因此他把研发目标转向普通人群，就在国外其他同行还没反应过来的时候，大疆忽如一夜春风来，占据了大半壁江山，成为市场霸主。

随着2013年"大疆精灵"的面世，非专业无人机市场被深度撬动，简洁、易用、价优的大疆无人机占据了世界70%的市场。也曾有国外竞争对手试图与他们抢个人消费市场，但随着大疆不断推出眼花缭乱的精灵2、精灵3、精灵4……彻底战胜了竞争对手。胜利的原因很简单，过去中国的产品总是跟着国外的产品跑，大疆现在是在消费型无人机领域领着别人跑，在高科技行业，领跑者一家独大。

大疆把无人机的用户从航模发烧友扩大到了普罗大众，让无人机航拍成为一种时髦的生活方式，汪滔的这一招像极了乔布斯用iPhone重新定义手机。

2020年2月26日，汪滔以480亿元人民币财富名列《2020胡润全球富豪榜》第311位。同年入选《财富》中文版"2020年中国最具影响力的50位商界领袖"榜单。

汪滔从不掩饰他的骄傲，他在2015年接受福布斯采访时曾经说过，世上没有一个人让他真正佩服，伟大如乔布斯，也只是欣赏而已。

但他说有一个例外，那就是任正非。他说："90年代中国还是一团糟的时候，任正非从做销售起家，最后可以把技术做得那么牛，团队管得那么好，而且他的方法论、价值观也不是为了钱。"

这个"80后"从精神基因上，和深商前辈们依然是气血相通的。

秦朔曾经这样评价深圳，他认为深圳的独特价值在于，它是"量产"伟大企业家的摇篮，一代又一代充满创新活力的公司在这个摇篮中诞生、成长，走向全国乃至全球。

当年他说这话的时候，深圳还没有一家世界500强的企业，但如今已经有了7家企业进入世界500强，这不能不说是一个魔方一样的奇迹。

无论是国际有色金属巨头正威国际集团，全球第一房企恒大集团，还是中国最大的通信设备上市公司中兴通讯，撬动了整个物流行业的顺丰速运，医药产业龙头海王集团等，这样"批量生产"的企业在深圳还可以列出长长的名单。

它们之所以能够从甫一登场，就具有石破天惊的骄人之举，而且不但没有昙花一现，反而在不同的历史节点上一路高歌猛进，秘诀在哪里？

秘诀就在于深圳这方热土，孕育了一批伟大的企业家。王文银之于正威国际，许家印之于恒大集团，侯为贵之于中兴通讯，王卫之于顺丰速运，张思民之于海王药业，都是灵魂一样的存在，他们与亲手缔造的企业一道成长，共同强大。

这些被称之为"深商"的企业家，与特区互相依托，相互成就。

深商的研究者老亨认为，作为一个经济现象，"深商"诞生在中国改革开放前沿的移民城市，是一种历史的必然，深商是否能形成一个具有长久文化影响力的"商帮"，就像晋商、徽商、浙商那样，尚需假以时日。

但深商无疑会继续推动中国改革开放向更高的层级、更广的领域升腾，深商与传统商帮的不同在于，他们既融会中国商道文化精粹，又具有特区创新基因，并拥有国际化市场意识，已经并将继续在中国现代商业史上留下更精彩的华章。

深商的成功，除了多元化、包容、创新的精神之外，与特区的土壤和生存环境息息相关。企业是大树，只要给大树阳光、水分和足够的养分，大树自然会长得很茂密，并且基业长青。

村里的梵高们

1989年的8月,一个身材不高的香港人,领着一帮人来到龙岗区的大芬村,他们在村子里不停地转悠,转了一整天,最后停下来说:就选这里了。

此人名叫黄江,是个画师,在香港开着自己的画廊,因为港岛的租金和人工成本越来越高,便想转移到深圳,于是他带着弟子们来深圳碰碰运气,他们看了很多地方,都下不了决心,直到他们走进大芬村。

多年以后,黄江解释当初为什么选中这里,是因为这里符合他们的几个条件:租金便宜,环境安静,交通便利。本来这三条标准任何一条都很平常,但三条凑在一块,难度就大了,大芬村恰好吻合。黄江暗道:天助我也。

当时的大芬村籍籍无名,即使在龙岗

大芬油画村第一人:黄江

大芬村雕塑　　　　　　大芬村口

区布吉镇也属于偏远小村，只有0.4平方公里，区区300多村民，堪称"袖珍小村"。改革开放以前，村民单纯依靠种田为生，人均年收入不到200元。即使改革开放后，大芬村也没有像其他村那样，靠建厂房做"三来一补"加工厂发达起来。正因如此，虽处205国道旁，却窘迫依然。

黄江回忆道："我刚来这里时到处尘土飞扬，无人愿意久留，一到天黑，犬吠不停，没人敢出家门。"因此，跟他同道而来的60个香港弟子，跑的只剩下20人，年轻人哪能抵挡得住流光溢彩的特区近在咫尺的召唤。

黄江和剩下来的弟子们待下来了，他们租了民房，冒着酷暑跑市场、找业务，经常往返香港拉订单，为了赶工期，画工连夜加班加点，甚至并无假期。客户和订单逐渐多了起来，画店自然也就相应增加。生意不再局限于内地与香港，逐步做起了外销，先是日本，然后欧洲、美国。

直到1992年4月，一位法国客户突然带来一份36万张画的订单，规定要一个半月完成。面对这份大蛋糕，黄江决定，画店要扩大规模了。闻风而来的其他画商也都在朝大芬村聚拢，"大芬油画村"初具雏形。

36万张画，依靠几十个人工在一个半月画成，这几乎是天方夜谭式的任务，万一在规定期限内交不了货，就要赔钱，黄江深知这点。

他们创造了一个世界油画史上的新职业：画工。黄江和他的伙伴们从深圳工厂的流水线上得到启发，既然所有的产品都可以通过流水线生产，油画为什么不可以流水线？于是他们做出了一个也许只有胆大的特区人才可能做出的创举：流水线油画。

他们将几十位画工分为不同的组，分别负责画天、画地、画山、画水、画树，同一个人只负责画相同的部分，各幅画差别很小，速度也会比一个人从头到尾地画一幅画快很多倍，等画工们把画都"组装"成功后，再由几位艺术水准最高的画师进行整体修饰、提升。就这样，看来不可思议的任务居然完成了。交货日到了，法国人来验货，看到这些画几乎像是从原件复印出来的一样，但又确确实实是用油彩一笔一笔画出来的，感到

画工们和他们笔下的世界名画

赵小勇和他画的梵高像

极度惊讶,声称这是一个奇迹。

名声大噪之后,全世界的画商们都到大芬村来订画,大芬村的油画畅销欧洲。油画这种由西方人发明的艺术,在东方找到了自己的工业化生产方式,这是始料未及的。有外媒曾在报道大芬村的文章中称:"全世界的墙壁上都挂着他们的油画。"

30年过去,大芬村已经由原来的穷乡僻壤,成为艺术商业重镇,它和深圳这座超级城市一样,野蛮生长为世界上最大的油画批发集散地,这里密密麻麻地汇集了1200多家画廊,有8000多名画师在这里作画、生活,世界油画市场有60%的画作出自大芬村的画家之手,一年的油画产值超过45亿元。

深圳著名摄影师余海波长期跟踪拍摄大芬村,和很多画家都成了朋友,他拍摄的《中国大芬油画村》组照获得2006年世界新闻摄影荷赛奖,导演的纪录片《中国梵高》荣获了 SKIP CITY 国际电影节最佳导演奖。

在余海波的镜头里，赵小勇是大芬村画工的缩影，这位来自湖南的青年本来是想到深圳做农民工的，一不小心被大芬村录用为画工，但他从来没有画过画，以为这是个玩笑。为了生计，赵小勇和同样从来不知油画为何物的画工们开始拿起画笔，学习临摹油画。赵小勇迅速成为熟练工，他的拿手绝活是模仿梵高，他用了十年的时间模仿了十几万幅梵高的油画，几可乱真，被戏称为"中国梵高"。

画了十几万幅梵高的画后，赵小勇忽然觉得要去见见这个大师，于是他飞到了阿姆斯特丹，在梵高美术馆外，他和长期销售自己油画的荷兰画商会合，在美术馆门前的画店里，看到了自己临摹的画作正被络绎不绝的游客当作纪念品买走。

然后他走进了美术馆，当他第一次亲眼见到这些熟得不能再熟的原作时，他瞬间石化了，他和梵高透过画布彼此凝视着。良久，赵小勇的眼眶里噙满了泪，那天他在梵高美术馆里久久不愿离去。

离开梵高的故乡，他又辗转来到法国的瓦兹河畔奥维尔小镇，在梵高墓前，献上了一束鲜花，并且按中国人的方式，敬了三根香烟和几个供果。

回到深圳后，赵小勇决定不再模仿了，他要做自己的原创油画。用他的话说："我画了十万张，不如他的那一张。"他领悟了，原创和复制品永远是两码事，哪怕再逼真，那种灵魂和感动是缺乏的。

在大芬村，有无数个赵小勇，他们为了养家糊口开始了临摹油画名作，当他们的生活逐渐改善后，他们开始走上原创之路。这些画工们从未接受过专业的美院教育，绘画也曾只是谋生方式，但就算是如此，也并不能阻碍每一个人成为艺术家的梦想。

他们深知时代在变，大芬村的模式也要变。现在的大芬村，已经从单一的行画市场走向了原创油画基地，大芬村美术馆经常是名画家与村里画家共同办展。他们的作品从出口到内销，曾经不习惯挂西画的中国家庭，如今装修越来越喜欢买几幅油画作为装饰。画家们的画廊从单一到连锁，咖啡馆、酒吧也逐渐星罗棋布，人们除了买画时"论堆论斤"地讨价还价，更多的时候开始讨论起艺术风格、流派这些以前觉得陌生的话题。

村里也有了艺术拍卖行，已经成为大芬美术产业协会会长的黄江，经常坐在他的拍卖行楼上，70岁的老人和画师们、弟子们讨论大芬村的未来方向。他们正在努力把村里的油画从线下搬到线上，实现足不出户便可卖画的梦想。

在"中国制造"向"中国创造"转型的过程中，大芬油画村以它自己的方式做着独特的贡献，它自身也在永远的嬗变中。

无独有偶，在离大芬油画村20公里的地方，还有另一个画家村，也为人熟知。

这便是观澜版画村。

这个村为什么与版画结缘？很多人不解。

但只要提到一个人，我们就释然了。

陈烟桥，中国的第一代新兴版画大师和美术教育家，他1912年生于观澜镇牛湖村。

20世纪30年代在鲁迅先生周围，聚拢过一批青年版画家，以鲁迅为首掀起了"新兴木刻运动"，

鲁迅与青年木刻家（右一为陈烟桥）

陈烟桥故居

当时20出头的陈烟桥便是那批画家中的一员，并深得鲁迅先生赏识，《鲁迅全集》里收录了与陈烟桥探讨版画的信件12封。陈烟桥的版画《天灾》《受伤者的呐喊》《投宿》等，曾入选巴黎"中国之新艺术展览会"，在当时的美术界具有很深的影响。鲁迅逝世前11天，留下了生前最后的照片，也是我国版画史上极具里程碑意义的一组照片《鲁迅先生和青年木刻家在一起》，照片中坐于鲁迅对面的青年便是陈烟桥。

陈烟桥人已不在了，但他的故居仍然完好地保存着，这个典型的客家排屋由他的祖父陈登谋在清末民初建成，成为风光优美的牛湖村一景。

2006年3月，当市文联和市美协策划活动——"画家笔下的观澜"时，画家们在纵横交错的客家排屋和碉楼间穿行时，一个打造"版画村"的灵感在他们脑中闪现，这样的想法既富有历史感又充满浪漫色彩。

深圳的想法恰好与正为版画发展寻找突破口的中国美协一拍即合，于是，观澜版画村的构想迅速推进。这和当初香港画商黄江与大芬村的偶遇截然不同，观澜版画村从一开始就具有某种文化战略的自觉。经过了改革开放之初的经济型发展，深圳已经形成了向文化＋科技型提升的内在能

观澜版画村村口　　　　　　　　　西班牙版画家瑞贝卡在工作室创作

力,一切经济发展的成果都为了促进城市人文环境与辐射力的改善与强化。

第二届深圳文博会上,中国美协与深圳市签订了《关于创建中国·观澜版画原创产业基地的合作意向书》,计划在未来几年内把观澜建成占地面积达 32 万平方米的版画基地。

观澜版画村从一开始就把原创、收藏、展示、交流、研究和产业开发作为目标,中国唯一的版画学术刊物《中国版画》、唯一的总结性年度专业刊物《中国版画年鉴》都在深圳落户。深圳大学拥有全国唯一的版画史论硕士点。同时,与版画相关联的印刷业也是深圳的龙头产业。艺术与产业的结合,带来了版画村的勃勃生机。

随着世界一流的版画工坊陆续建成启用,一批批中外版画名家进驻观澜,原创版画在这里源源不断地诞生并流向世界各地,国际、国内的大型版画交易会在此举办,专业画廊、画家和画商们不断造访,一个濒于边缘化的冷门画种在深圳观澜得以复兴。

来自美国西雅图的版画家迪安娜和来自比利时皇家艺术学院的英格里德·勒登特,两位远隔千山万水的女版画家,在观澜版画村成了真正的邻居。每年都会有 10 多位知名版画家入驻版画村,这里的艺术家工作室也成为络绎不绝的游客的打卡地。

"中国·观澜国际版画双年展"自 2007 年举办首届以来,参展的各个国家和地区的艺术家逐年增多,2019 年 3 月举办了第七届双年展,105 个国家和地区的 2551 位艺术家选送了作品。

艺术为这个古色古香的客家村落,注入了新的魅力,时间在这些粉墙黛瓦的排屋之间缓慢地流动,人们在各种风格的版画作品前徜徉,不惜把"深圳最后一块世外桃源"的美誉给了它。

观澜版画村的兴起,承接了中国新兴木刻运动的浪潮,这一时隔半个多世纪的回响,也许是鲁迅先生和陈烟桥先生都万万不曾想到的。

我们的物质生活

初到深圳的那几年，总觉得这好那好，就是缺一个让人安静的地方，可以坐下来打发一点闲时光。在北京、上海、广州那些上了年纪的城市，这样的闲处很容易找。但深圳独无。

忽一日，"物质生活"书吧横空出世了，毫无征兆地出现在霓虹灯闪耀的华强北的边上。华强北被称为深圳的南京路，是国内的几大商业街之一。这个书吧像个楔子一样顽强地挤进商业地盘，实在有点与商业较劲的味道。

这也契合它的主人晓昱的脾性，晓昱就是一个喜欢较劲的人，她的外表貌似柔弱，内心其实相当强健。她做电台主持人已经很知名了，忽然转身辞职北漂，想当职业作家。在北京和深圳之间来回纠结了几年，又突然杀了个回马枪。而且决定开一个书店，还不是传统意义上的书店，而是有书有酒的书吧，似乎要在精神和物质之间找到某种平衡。她干脆把书吧命名为"物质生活"。

不过在我看来，晓昱是把物质和精神打通了，在她看来物质和精神是一体的，没有物质支撑的精神生活也没法高品质。物质生活可以赚钱，精神生活需要花钱，她所做的就是这种物质和精神分不开的事情。可是我还看到，在她的内心深处，精神永远在物质之上。她偏偏用"物质生活"做招牌，甚至不排除有意和华强北的那种物质进行抗衡的执拗。她招牌上挂的"物质生活"，书吧内卖的"精神生活"，此"物质"非彼"物质"也。正如杜拉斯的那本《物质生活》，写的却大多是爱情、写作、回忆、幻想等，都是非物质。

有段时间，深圳的一帮读书人，都爱跑去"物质生活"，在那里神聊几个小时，然后夜深而归。说实话，并非都是奔书而去，实在是因为那里还有酒。红酒啤酒，牌子很多。书与酒，本就渊源极深。文人又大多是爱酒之人，有了酒就有了诗文，一部文学史每页都散发着酒香。所以，"物质生活"就成为城中一个雅集之所。多少原创段子都是从这里侃出来的，

"物质生活"书吧的表与里

"飞地人文空间"的开放沙龙

此后才见于手机。这其中"书"与"酒"的功劳实在难分伯仲。

深圳人喜欢泡"物质生活",除了书与酒,当然更有魅力的还在于能碰到大名鼎鼎的人。我就曾带着龙应台去过这里,当时龙女士卸任台北市的文化局长,在香港做客座教授,深圳读书论坛请她过来讲座,晚餐后我问她还想去哪儿转转,她淡淡地说了句:随便。这一下我便自然把她朝"物质生活"领,其实在此之前晓昱已经把"领人"任务交给我,但我没有把握,龙女士的亲切随意让我终不负使命。那一晚,我们踏进书吧的时候,小小的空间早已爆棚,热情更是接近沸点。后来我还带过周国平先生去,清醒的哲学家也在晓昱和酒的夹击下,变得兴奋异常。

书吧坐落在闹市中,低调地张扬着。低调在于门面不大,门洞更小,偏于一隅。张扬在于如此之小的门店却有一面墙体与街市隔着玻璃透明相对,书吧像戴着一副眼镜看深圳。但正因这面玻璃,外面的喧嚣和内里的

"飞地书局"不缺读者

静谧便有了分别。同一个城市，不同的世界。

外地来人，晚饭后常常会问去哪儿坐坐，一般会去"物质生活"。有一次，一个外地朋友来找我们，问书吧位置，我不断跟他说在百花二路和百花五路交会口，但朋友老是记不住几路和几路，我一着急脱口而出："你记住二百五就可以了"，百花加上二路、五路，一简约，朋友立马找到。后来我觉得这个简约很准确，在一个忙着挣钱的城市里喜欢喝着酒读书谈书的文人，可不都是"二百五"吗？有了这么些"二百五"，物质的深圳正在变得越来越精神。

一晃 10 多年过去了，"物质生活"还在原地安卧着，它的格局基本没怎么变过，从面积到风格，设计是韩家英大师的手笔。我最爱的那面"字墙"一直凹凸在那里，让深陷多媒体惶恐中的读书郎对纸质书保有一份微弱的坚守。不变的更在于里外始终都坐满人，或独自阅读，或聚众论说。

岁月更替，阅读仍在轮回着。

晓昱仍然爱较劲，又一次转身，这回去做了帆船赛，她曾请我去东部海边坐过她和朋友一起经营的帆船，坐在无动力驱使的帆船漂于海上时，突然想起罗曼·罗兰的那句话："生活的理想就是为了理想的生活。"也许帆船是下一个"物质生活"，而"物质生活"是一直航行于都市夜空的帆船。

在深圳，除了"物质生活"，还有一批小书店在城市的角落里顽强地生长着，"飞地书局"便是其一，多年隐匿于建材市场和印刷厂林立的八卦岭工业区，书局本身也由旧厂房改造而成。旧房新装，新旧之间，隐约可窥见一些八卦岭的历史印记。

书局的创始人是青年诗人张尔，他如此阐述飞地书局的存在意义："一座灵魂的房屋，一座书房，它不在往事的山野，也不在流失的岸边，但距离你从不曾陌生和遥远。我们只是重拾心情，回到那如故的旧居，找回通向灵魂的一纸慢地图。"他除了经营这个书店，还费时费力创办了一份《飞地诗刊》，成为国内民刊中的名刊。

我曾问过张尔，飞地书局赚钱吗？张尔答曰：很难。

唯其难，更显其可贵。不过张尔逐渐开始悟出了文化与商业的接轨之道，他除了办诗刊、卖诗集，还把触角投向文化生活乃至物质生活，从飞地之声、飞地夜读、天台诗歌、民谣音乐会、独立电影放映、实验音乐节、先锋戏剧表演、天台美食等，正在受到越来越多年轻人的追捧，得文学青年者，得天下。

在一座城市里，多几间"物质生活""飞地书局"这样的书吧，这座城市就不会臣服于物质。

The
biography
of
ShenZhen

深圳　传

文化：从沙漠到大海

第五章

深圳真正区别于中国其他城市的文化形态是什么呢？

在其他城市生活的人们，很容易找到那个城市的"主流文化"，而深圳的"主流文化"是什么呢？深圳的主流文化就是：没有主流。

没有主流的主流文化，这就是深圳。

这是深圳引以为豪的文化形态。深圳文化不需要从固有的文化结构中找到自己的位置，它自己就是一个独一无二的不可复制的文化结构。

一匹文化的"骡子"

关于深圳文化,曾经有一句刺痛深圳的传言广为流传:文化沙漠。

关于深圳的文化形态,一直没有定论,因为这个城市脚步匆忙,匆忙到无法停下来给自己归类。不像北京有"京派文化",也就是"帝都文化";上海有"海派文化",也就是"时尚文化";广州有"岭南文化",也就是"广府文化"……这些城市往往可以用一个词来对它们的文化做归纳。

而深圳不可以。

近些年,深圳内外的文化研究者都试图为深圳文化找到一个贴切的标签,然而常常落空。他们提出过很多有益的说法:如就市民构成而论,有"移民文化说";就职业群体而论,有"打工文化说";就地理区位而论,有"咸淡水文化说";最为大家接受的是"多元文化说",追溯文化来源,此说当然无错。可是细细一想,在当今全球化时代,中国的很多城市也很"多元",广州已经多元到与数十万非洲人共同生活了。中国的一二线城市,劳动力主体都是进城务工的"打工者"。

其他的说法还有很多,但都没有触及深圳文化独有的根本形态。

广场上的街头艺人

深圳比它们更早拥有以上这些元素：移民文化、打工文化、多元文化……但深圳与他们有本质的不同。

那么深圳真正区别于中国其他城市的文化形态是什么呢？

其实，深圳文化真正区别于内地并形成自身特色的，就是它的"杂交文化"，因为"杂交"这个词让很多对语词敏感的人觉得刺眼，所以基本是排斥的。在第二届"深圳青年文化研讨会上"，有学者提出"杂交文化说"，便理所当然地被忽视，大家嬉笑一通，也便过去了。

而仔细考察，"杂交文化"恰恰是深圳文化形态最独特之处，因为多文化"杂交"，便形成一种新的文化，这就与其他城市的"多元文化"形成区别，"多元"只是并行的一种状态，而"杂交"就是一种新的生命体，前者是物理反应，后者才是化学反应。

正因如此，"多元文化"只能描述一种多样并存的文化体，而"杂交文化"才会产生一种新的文化体,这就是真正的"深圳文化"。

"杂交文化"的结果,便产生了"骡子文化",也即是"非驴非马"的文化。《辞海》中对"非驴非马"的骡子有这样的解释:"堪粗饲,耐劳,抗病力及适应性强,挽力大而能持久。寿命长于马和驴。"可见,我们是多么不了解骡子。作为移民城市,深圳的文化构成是复杂的,京派、海派、粤派、徽派、黄土派、山药蛋派、海归派,这派那派多得很,这些文化到了深圳并非各自独立发展,而是经过嫁接、融合,结合到一起,自然形成了一个新的有别于母体的流派,最终形成了独具风采的"深圳文化"。

此外,据工具书说,骡长得比驴大,又比马强壮,但不能繁殖。这也恰好说明深圳文化既有杂交优势,又具有不可复制性。所以内地不断有城市会来深圳学习,但他们永远不可能成为"第二个深圳"。因为他们的文化无论怎样多元,也无法杂交。

改革开放后中国最早的歌舞厅就诞生于此,"沙都歌舞厅"也成为第一个受邀去怀仁堂为国家领导人演出的民间歌舞厅,多少国内流行乐歌手都从这里走出。与此同时,古老的粤剧也在这里大放异彩,中国最高规格的戏剧奖"梅花奖"多次授予深圳粤剧团。央视春晚在中国娱乐界几乎是个难以企及的平台,但宝安的民工街舞团几度在上面风光无限。而发端于清初乾隆年间的沙头角"鱼灯舞",被称为民俗活化石,至今依然逢年过节活跃在街头巷尾,已经成为国家的非物质文化遗产。

最古老的,最年轻的,最热闹的,最安静的,最优雅的,最俚俗的,无论哪种表演方式,都能在深圳找到自己的主场。

书城广场,每天都有各种民间艺术家在那里聚集,有拉二胡、吹萨克斯的,有画肖像、剪影的。这些在欧洲街头司空见惯的场景,在国内只有深圳可以随处可见。

深圳戏院与周边文娱区

在其他城市生活的人们，很容易找到那个城市的"主流文化"，而深圳的"主流文化"是什么呢？深圳的主流文化就是：没有主流。

没有主流的主流文化，这就是深圳。

这是深圳引以为豪的文化形态。深圳文化不需要从固有的文化结构中找到自己的位置，它自己就是一个独一无二的不可复制的文化结构。

深圳如果和其他城市去比较所谓"常态文化"或"定型文化"，很难有什么优势。它必须与别人去比"超常态文化"和"不定型文化"，必须继续走"非驴非马"的骡子之路。

眼下这匹文化的骡子越来越大了，这是不争的事实。

文化金三角

北倚莲花山，南临市民中心，深圳有个文化金三角。

这个由中心书城、音乐厅和图书馆组成的金三角，已经成为城市中最著名的网红打卡地。

外地朋友常常会不解地问我："现在很多人都不读书了，深圳真有那么多人泡书店、图书馆吗？内地很多城市除了流行音乐会，交响乐都没人听了，这里为什么是例外？"对这样的问题，我一律笑而不语，然后陪他们走进这块深圳文化金三角。

首先是中心书城，我敢说在国内没有一个城市有深圳这样的气魄，在最黄金的地段，建造了一个迄今为止世界上最大的书店，仅仅卖书的店面就有8万平方米，此一奇也；更奇的是，如此巨大面积的书店居然没有按寸土寸金的原则，盖一个摩天大楼，却只有地面单层结构，加上环形夹层，也只有两层。然而就是这一层书店，气势如虹地铺排开去，人一走进，便被滔滔书海裹挟。首层和夹层拥有庞大的纵向共用大厅，两侧的屋顶有纵向延伸的天窗。书城分南北两区，分别有一方一圆两处庭园，取

每晚八点去"中心书城"打个卡

"天圆地方"之意，一圆一方两个玻璃支柱直通天际，接引自然阳光和绿色植物景观，让封闭的空间可以呼吸。

当然，引以为傲的还不是它的设计，而是摩肩接踵的买书人，和无处不在席地而坐的读书人。从幼童到老者，每日都在这里与书香为伴。

走上地面，书城东西两边是"诗、书、礼、乐"四个面积各1万平方米的绿色文化公园，这里是民间艺人表演的主场，二胡、笛子悠扬呼应，马路歌手也在电子乐队的轰鸣中尽情放飞。游人可以在这里坐下来，让画家和剪纸艺人为自己留下肖像、剪影。

书城的屋顶是一个开阔无边的露天广场，除25米宽的步行中轴外，两侧满布着绿色的植物，屋顶的覆土层长满了苍翠欲滴的草坪和树木。从这里可以空中跨过红荔路，直通莲花山公园。

中心书城的设计者是黑川纪章，这位被誉为"日本现代建筑三杰"之一的建筑设计大师，深谙中国文化的精髓，所以他不动声色地让这个灰色的庞然大物与周边的自然环境融合共生，使得华夏的"天圆地方""诗书礼乐"存活在被21世纪现代主义、后现代主义建筑包围的都市核心。

从中心书城向西走几步，便是音乐厅和图书馆。

有意思的是，这两幢建筑的设计师，同样是日本人，叫矶崎新，他与黑川纪章并列"日本现代建筑三杰"。日本建筑三杰被深圳独用其二，让人浮想联翩。在一个西方设计席卷天下，中国设计师也纷纷步西方后尘的时代，选择长期在东西方建筑理念之间嫁接整合的日本建筑师，不能不说是深圳人独到的眼光。黑川纪章曾直言中国现代建筑模仿外国的东西太多，他说，"传统有看得见和看不见两种东西，并不是所有中国化的东西都可以用眼睛去看的。如屋顶的形式，如京剧，这是可以看得到的中国传统文化。但对于看不见的思想、人的观念，这是一个感受的东西，无法用形状来表示。把看不见的东西用抽象的方式来加以表现，找到这种表现方法，也就是抽象化，是很重要的。中国建筑在现代化的同时，应该有更多精神性的东西"。

深圳音乐厅和图书馆是呈对称形的连体建筑，最让人称道的是两边相对高耸的玻璃尖顶，在玻璃尖顶下，音乐厅的"金树大厅"和图书馆的"银树大厅"成为各自的标志物，似乎正隐喻了深圳文化"黄金白银时代"的到来，虽只有两棵树，但不免让人联想到未来的文化森林。

音乐厅与图书馆的外墙采用"黑白黄红青"五色，自然天成地蕴含了中国传统文化的五行理念。

如果从莲花山上俯瞰下来，这两座建筑的顶部更显其妙。

音乐厅的屋顶像一排黑白钢琴键，在莲花山的微风吹拂下，仿佛能听见隐隐的天籁之声。

图书馆南侧的三栋黑色放射性建筑，状若三本翻开的图书，而东面的高墙上，水幕自上而下地潺潺垂挂，犹如万道瀑布挂前川。整面三维玻璃曲面犹如韵律灵动的竖琴，金属琴弦在阳光下熠熠生辉，蓝天白云投影在玻璃幕墙上，整个建筑刚柔并济，皇皇大观。

毫不夸张地说，假设没有了这个文化金三角，如今深圳的城市核心将

图书馆与音乐厅相看两不厌

是多么的寡淡无味。

  而在 20 世纪之初规划这片土地时，曾经有过反复斟酌甚至分歧，据说此地块原已被李嘉诚的和记黄埔看中，欲建商业重镇。但深圳恰逢其时地提出了"文化立市"的战略目标，并迅速制定了自己的中长期文化发展规划，这个神来之笔顿时廓清了整个城市的发展目标与方向，深圳因此有了这个富有灵魂的文化中心区。

  每天在这片文化金三角之间穿梭的人们，他们在闻书香、听韶乐，幸福感油然而生的时候，真应该感谢当年那些城市文化的决策者们，因为他们的慧眼和坚持，深圳的中心区才有与巴黎、伦敦、纽约等城市中心区比肩而立的可能。

为文人造个海

深圳在很长一段时间内，都是经商者的天下，有人戏称"一片树叶落下来会砸中两个总经理"。深圳除了不断制造出经济新闻，乃至政治新闻外，文化从未引起传媒以及公众的关注。

但在1993年，深圳用一个文化事件成功吸引了海内外的新闻记者，他们纷至沓来，一探究竟。

起因来自本地的一份月刊《深圳青年》，20世纪90年代初期的青年人，几乎没人不知道《深圳青年》这本杂志的，不少闯深圳的人，在他们不大的行囊中往往会揣着一本《深圳青年》。对于深圳乃至全国的热血青年来说，其影响不亚于一百年前的《新青年》。

这本杂志的创办者叫王京生，当时还在团中央学校部工作，任全国学联的副秘书长。1988年8月6日，王京生带着曾做过北航学生会主席的王海鸿等3位年轻人，坐上了南下广州的火车，这一坐就是40个小时，到达广州后又马不停蹄地转车到深圳。据王海鸿后来回忆："没想到一下火车，就鞭炮连天，震耳欲聋。因为那天是8月8日，广东人公认的吉利

《深圳青年》是年轻人闯深圳的通行证

日子。"据说那天燃放最长的鞭炮有 30 万响,足足挂了 5 层楼。他们坐上巴士,前往目的地,一路上鞭炮齐鸣,仿佛整座城市都在欢迎他们的到来。后来这一天便成为杂志的建社日,王京生成为首任社长。

《深圳青年》从创办的那一天起,便成为传播理想、更新观念、营造文化的精神旗帜,一时洛阳纸贵,最高发行量曾达 40 万份。

当时关于深圳"文化沙漠"的说法仍不绝于耳,虽然刺耳,但也道出这里重物质轻精神的现实,《深圳青年》杂志的记者太少,光靠自己的队伍写稿远远不够,需要约稿,但是约稿很难,深圳的文人对写作不太感兴趣,大家都投入到倒卖 BB 机或炒股票等生意中去了。王京生和《深圳青年》的编辑记者除了办好杂志以外,还一直想在城市的文化建设上寻找突破口。有个记者王星提出一个奇想:稿子为什么不能像电子产品一样被人竞价呢?可否尝试一下用一种市场的方法来竞拍文稿呢?王京生闻言激赏,决定以杂志社名义干。

当年深圳有过土地拍卖的第一槌,现在中国的文稿拍卖第一槌便被这么逼了出来。为了稳妥起见,不能叫"拍卖",只能叫"竞价"。

所幸，当时杂志社的构想得到了市委宣传部、新闻出版局和团市委的批准，市委副书记林祖基在报告上批示："这也是一项改革。"市委常委、宣传部长杨广慧亲自担任文稿竞价的总顾问。

《深圳青年》杂志发表了卷首语《为文人造个海》，可以视为文稿竞价的宣言，文中道："建立起一个市场，一个公平地体现出知识分子价值的市场，让文人凭着自己的智慧，富起来，让智慧仗着文人的经济腰杆，流通起来……竞价会上的第一声槌声，将声透五千年，声动千万里，文人言'义'不言'利'的藩篱，被一槌洞开。"

说干就干，《深圳青年》派出王星赴京搬动大腕，文学泰斗冰心、著名作家王蒙、著名诗人艾青均表示支持和关注，一批实力派作家沙叶新、叶永烈、苏童、黄蓓佳等也显示出极大的兴趣和认同。

找到卖家并不难，找到买家才是关键。

为此，王星四处游说，天天见老板，磨破嘴皮，得到了几家的响应，他们想得很朴素，参加国内第一次文稿竞拍，花十几万元买一部作品，比买一整版广告要划算。未等竞价会开拍，便有几家捷足先登，抢下了几部作品。这让大家吃了定心丸。

但紧接着出现的一个插曲让事件急转直下，甚至差点夭折。由于作家霍达自标100万元的电影剧本《秦皇父子》参与竞拍，其后作家叶永烈也为自己的作品标出千字3000元的高价。这让有些作家受不了了，引发出李国文、丛维熙、张洁、叶楠、刘心武、梁晓声"六作家退出"风波。上海《文学报》刊登了一篇《漫天要价，轻率"叫卖"，引起文坛内外不满，深圳文稿拍卖起风波》的文章，让文稿竞价卷入是非旋涡，但也引发了国内外媒体更高的关注。

在各种目光和口水中，《秦皇父子》仍然以百万价格被深圳三洲实业公司买断，在竞价会前平息风波。曾获得茅盾文学奖的女作家霍达介绍，

1993年文稿竞价现场

这部上下集的大型历史剧，花费了她将近20年的心血，100万元的标价对她这部庞大的作品来说是"适度数字"。而竞买成功的三洲公司副总裁叶德华，也向新闻界坦陈竞投初衷。他认为，一个真正的现代企业必须责无旁贷地投入文化建设，三洲公司历来重视文化建设，自成立以来屡屡资助文化事业，已先后拍摄了《南拳王》《气壮山河》等多部故事片。他表示，他们还将一如既往地关注文化建设。

1993年10月28日，高悬了半年之久的深圳文稿竞价之槌，终于高高举起。

参与竞价文稿共有11部，这些作品是从770部作品中筛选出来的。作者最小9岁，最大93岁。

由于此举在当时太过超前，为减少社会影响，拍卖会从原本1000个座位的深圳会堂转移到深圳图书馆（现少儿图书馆）一间只有200个座位的会议室，但当天依然有几百名海内外记者得到消息赶来。笔者作为当时《深圳特区报》的记者，也仅得到一个名额，只能让实习生在门外等候。

拍卖会大获成功，著名拍卖师郑晓星以其极强的控制力与感染力将拍卖会一次又一次推向高潮。

最先成交的是女作家黄蓓佳的长篇小说《世纪恋情》，它被龙华物业发展公司以7万元拍得；

上海作家倪振良的长篇《深圳传奇》也从4.5万元的起拍价最终被深圳天虹商场有限公司以88万元拍得；

影视演员刘晓庆的自传《从电影明星到百万富姐》尚未写成，仅仅只有一个标题，就拍出了108万元的天价。

另外8部作品，如随笔《恐惧的平衡》、长篇小说《流放者归来》、纪实文学《东京私人档案》《浮躁的烟尘》《毛泽东之初》《红色间谍》等，先后被数家企业买走。竞价进行了两个多小时，总成交金额为249.6万元。

时任国家新闻出版总署副署长王强华认为，深圳此举开全国之先河，他对此"很有兴趣"。他透露，国家新闻出版总署正考虑发文放开书籍选题市场，他希望文稿竞价活动循着健康的轨道继续发展下去。

时任市委常委、宣传部长杨广慧说："文稿竞价意义深远，它是我们建立社会主义市场经济中的一个改革创举，是企业与文化结合的一个范例。"

2008年，"93文稿竞价"终于入选了"改革开放三十年十件大事"的候选名单，这是历史给予这批敢吃螃蟹的创新者的公正奖赏。

文稿竞价过去27年了，但它激起的浪花仍然余波未息，中国作家、文人知识产权市场化的道路仍很漫长。

王京生后任深圳市委常委、宣传部长，现为国务院参事。

王海鸿现任《深圳青年》杂志社社长、总编辑，成为自创刊起坚守至今的唯一一人。

两所与众不同的大学

深圳有两所本科大学，对的，只有两所。

这是让骄傲的深圳人唯一略感自卑的痛处。

但是这两所大学，却都能在中国的高等教育史上留下浓墨重彩的一笔，加起来就是两笔。

看看这两笔是怎么落下的。

1983年年初，正在如火如荼建设中的深圳，向国务院打报告要求成立大学，这在当时看来有点天方夜谭，一个还在雏形中的城市，居然要新办大学，一些知情者不无调侃地说："特区就是胆大。"

胆大的特区，收获了意外的惊喜。

1月22日，深圳市正式提交申请报告，5月10日，教育部批示：增设深圳大学，设16个专业，1983年部分专业开始招生。从提出申请到教育部批示，前后不到4个月时间。

这一连串瞠目结舌的记录，只能属于"深圳速度"。

当时的教育部对深圳的支持也是空前的，派出了以清华大学、北京大

1984年，初建时的深大全景

学、中国人民大学三所高校为主的超强阵容。第一任校长是清华大学副校长张维先生，他是两院院士、力学泰斗；辅佐他的党委书记、第一副校长是清华大学党委副书记罗征启，是一位建筑家。

1983年9月27日，深圳大学成立大会和开学典礼在"深圳戏院"隆重召开，首批录取学生218名，包括港澳学生。学生们上课借用的是深圳电大的教室。

建校时并无校园。时任市委书记梁湘领着罗征启来到南山，指着后海湾的一片空地对他说："这里有1平方公里的土地，交给你们了，你们好好规划一下，看看要多少钱。我们还很穷，请尽量节省，注意实事求是，我们决心贷款来搞教育。这个决心下定了，卖掉裤子也要把大学建起来！我们拿出钱，拨出地，请你们给我们生产人才，人才！"

深圳确实是拼了，当时的财政收入刚到1个亿，便决定拿出5000万元来建深大，这个数字在今天看来微不足道，但在当时已经是天文数字了。

145

深大主楼及楼前广场的日晷

拿着这笔钱，罗征启战战兢兢，这位梁思成、林徽因的弟子，向他的老师学习，带着同样是建筑家的夫人梁鸿文教授，踏遍这块土地，一笔一划地画出了深圳大学。

从一开始他们就想建一所与众不同的大学，从外到内都不同。

深大的校园规划与国内其他大学迥然不同。

当时的大学建设普遍重物不重人，例如，图书馆的书库很大，但阅览室却相对小，而且实际上成了自习室，学生要发证抢占座位，而深大的图书馆全部书库向学生开放，阅览室比重大大增加，而且开放到晚上12点，全年无休；其次，中国的大学生宿舍普遍住6—7人，但深大学生宿舍2人一间，至今仍在全国领先，表面看来似乎有点浪费，其实学生的自习都可以在宿舍进行，不必都去挤阅览室了；此外，当时的大学食堂就餐时间都在一小时内，因此大排长龙，感觉无论建多少个食堂都不够，深大的食堂实行全天候营业，结果建了三个食堂解决了全部问题。

最为人称道的是，设计师把梁思成先生卓越的建筑思想变为苏州园林式的校园文化，让人在这里仿佛徜徉于山水园林之中，而且前10多年，深大是中国唯一"没有围墙的大学"，当年深大的校园规划一举夺得了全国大学校园规划评比第一，至今仍名列"最美的大学"之列。

当然，最精彩的还不在硬件，建校伊始的深大每一个举动都足以在中国这个硕大池塘里投下一块石头，激起阵阵涟漪。

深大第一个让学生缴费上学；深大第一个取消毕业生国家包分配制度；深大第一个实行教职工全员聘任制，实行能力资格制、岗位责任制；深大几乎所有的服务岗位都由勤工俭学的学生担任，从饭堂服务、清洁卫生、保卫巡逻大都是学生，校长助理也都是学生。

而最具爆炸性的改革，莫过于深大在1984年11月19日成立的由学生管理的"深大实验银行"，当时老师领工资都去学生管理的银行取钱；1985年1月，深大又开设了全国第一个"学生法庭"，对违纪违规同学的处理进行"裁决"，有当事人、辩护人和学生法官。

深大的规划还有一个鲜为人知的"秘密"，大门以及主要的大楼都向东偏了15度。我们知道，中国的建筑大都为正南正北，但罗校长不是一般的建筑师，他深入研究了气象特点，深圳每年都有台风，主要风向是东西风，东风为主，其次是东南风，假如都是正南正北的房子，便没有穿堂风。经过计算，偏东15度正好，既有穿堂风，又不会西晒，当时深大第一期工程完了以后所有房间都不用开空调，师生宿舍都非常凉快。

进了深大校园，几乎没人不被它的荔枝林吸引，当初虽然是一块荒地，却有1700多棵荔枝树，校长发话：只许种树不许砍树，于是全部保留了下来，深大每年都会有一个"荔枝节"。

深大除了大片草坪，就是各种树木，看不见黄土。其中有些大榕树，

六任校长（自左到右）张维、罗征启、蔡德麟、谢维信、章必功、李清泉

是他们从广州市政修路时准备砍树时"救"下来的，这几十棵颇有年头的大树让年轻的校园瞬间有了历史厚度。

深大的改革步伐从来没有停止过。

20世纪90年代，哲学教授蔡德麟继任第三任校长，他对深大的办学思想进行了调整，从应用型向教学科研方向转型，力推研究生教育，如今众多学科均可授博士、硕士学位。

深大另一位较有影响的校长是章必功，他是第五任校长，1984年从北大中文系硕士毕业即南下深圳，参与了深大中文系的创建。章校长很喜欢学生为他起的绰号"章鱼先生"，平时笑眯眯的章校长有个"冲冠一怒为学生"的故事，当时某银行招聘条件上明确写道"必须985、211大学"，自然把深大学生排除在外，章校长闻之大怒："这还是特区吗？这不人为把大学分成三六九等"，他找来财务处长，要求与银行交涉，立即撤回深大在该银行的存款，如果继续坚持则动员师生把个人存款全部转存其他银行，银行这下慌了，立刻修改招聘条款，所有大学毕业生平等竞争。

风波方息。这个37岁的大学，还正血气方刚。

深圳的另一所大学更年轻，尚是少年。

熟悉的剧本，熟悉的配方。

深圳市2007年决定创办南方科技大学，以适应新世纪高科技城市发展的人才需求，2009年从全球公开遴选创校校长，选中原中国科技大学校长朱清时院士。在等待教育部招生许可证三年未果的情况下，决定放弃等待，2010年2月，南科大正式开学，首届45名教改实验班的学生入校就读。

朱清时把自己人生规划的最后一站戏称为"南科一梦"。"南科一梦"的核心归纳起来大致为：倡导"去行政化""教授治校""书院制"，并努力改变"唯高考论"。

朱校长甫一到任即创新性地推出"先行先试，自主招生，自授学位，自颁文凭"的办学模式，成为备受关注的中国教育改革风云人物，这种"先生孩子、再上户口"的率性，在中国也唯有深圳。

南科大从诞生的第一天起，便把目标定位于"全球一流研究型大学"，朱清时自己曾经在中国科技大学创下过辉煌，也曾在牛津、剑桥等国际顶尖大学做教授，底气自然非同寻常。但对这所犹如"试管婴儿"一般的大学，外界颇多狐疑，很多高考学生及家长一方面被它的"全英语教学、诺奖大师授课"等诱惑，另一方面又困顿于没有国家统一颁发的文凭。为此，朱校长和他的团队去各地宣讲，结果居然招到了45位成绩完全可以

朱清时立于南方科技大学校门

上清华、北大的学子，他们成为第一批"吃螃蟹的人"。与其说要钦佩这些学生，不如说更钦佩那45对家长。他们把自己的前途赌给了南科大，也赌给了深圳。

他们还是赌对了，七成南科大首批毕业生陆续被牛津大学、耶鲁大学、加州理工等世界名校录取攻读博士，其余大都被华为、腾讯等大企业录用，个别学生选择延迟毕业。

目前的南科大，在获得教育部认可的情况下文凭已"转正"，且已成为中国在世界各种大学排行榜上的新锐力量。

十年成就一所名校，其速度不可谓不惊人。

朱清时2014年9月卸任执掌了5年的校长，正式告别他一生中最艰难、最具挑战性的岗位。另一院士陈十一接任校长。

朱校长离任时，媒体评价南科大是"中国高教改革试验田"，该模式或将弥补中国教育资源失衡现状；朱清时是"教育改革路上的独舞者""中国高校改革第一人""一位走在中国教育改革最前沿的教育家"。

两个文化冠军

深圳在国内的文化舞台，一向是特立独行地发展着，但那一年，同时出了两个文化冠军，他们让国人又一次从文化角度认识了深圳。

那是2008年，人们印象深刻的是北京奥运会。但在文艺舞台上也有一场万众瞩目的竞赛，那一年的CCTV青歌赛火了一个深圳人，她叫姚贝娜，她以独特的演唱获得流行唱法冠军。同年还夺得"CCTV音乐盛典内地最具潜力歌手奖"。

姚贝娜可以算是深圳的第二代移民，她的父亲是著名的作曲家姚峰，他为深圳创作了很多脍炙人口的作品，但他最好的作品还是姚贝娜。因为姚贝娜，深圳市民和媒体对青歌赛空前关注，并且有了做啦啦队的投入感。

此后的姚贝娜成为国内一线歌手，先后多次登上春晚舞台，她对流行歌曲富有艺术性的诠释，完全超出了很多当红的歌星。

但她为《甄嬛传》配唱的片头曲《红颜劫》，隐隐预言了一个不祥的宿命。2015年1月16日，正如日中天的姚贝娜，却因为乳腺癌复发，年仅33岁就告别了人世，特区的百灵鸟戛然停止了婉转的歌唱。

姚贝娜在生命的最后时刻，留下遗愿：要把眼角膜捐献出来，在病床上，姚贝娜的父母签署了眼角膜捐献志愿书。她去世当天，深圳市眼库执行主任姚晓明博士，为她做了眼角膜摘除。

不久，姚贝娜的眼角膜被分别移植到了3位青年人的眼睛里，百灵鸟已远去，但她却让别人看得更清，走得更远。

"特区的百灵鸟"姚贝娜

那一年还有一位深圳小说家凭长篇小说《长调》入选"2007年中国小说学会年度小说排行榜"，他叫千夫长。这个"小说学会奖"在文学界的地位不亚于青歌赛，它与茅盾文学奖、鲁迅文学奖这些政府奖不同，是小说界的专业最高奖，历经八届之后，深圳作家方初次入选，而且当年的广东也仅此一人。

千夫长来自内蒙古科尔沁草原，客居深圳十几年。他用极具个人化的文学语言与视角，在南国特区继续书写他的茫茫草原，总是能给文坛和读者带来新鲜的东西。早在2003年，他就以一本长篇小说《红马》搅动全国书市，带给读者"惊艳"的阅读体验。评论界曾经认为中国作家普遍缺乏真正的"魔幻现实主义精神"，但千夫长以他和天地洪荒进行心灵对话的能力，改写了这个固有的结论。

此后，他出版了中国第一部手机短信小说《城外》，并以4200字卖出18万元的奇迹，成为中国最贵的小说家，并被德国某大学列入教材。有人说,是深圳这个经济特区成就了这个最贵的小说家。

之后,千夫长的写作不再着力于外部描摹,而是深入人的灵魂,思考的是人类的宿命感与虚无感。他的短篇小说集《草原记》和中篇小说集《马的天边》,又一再探索着人类生存的底线,表达着自己对现实世界正在整体陷入困境的深刻忧思。

他用与众不同的文字,建构起一片精神的草原。

之所以单单提起这两位深圳的文化冠军,是因为他们都以自己的方式向世界发声,他们的声音都是唯一的、不可重复的。

这座城市还有一批像这样富有大爱与悲悯的文艺同道,他们提升了深圳的"辐射力"。

曾经我们毫不犹豫地认为,城市之间比拼的是经济,比如GDP,比如大楼的高度,比如马路的宽度,比如汽车的速度,等等,总之我们认为靠这些,城市就会具有强大的"辐射力"。然而不然,深圳经过了40年的超高速发展,经济水平、物质文明确实令人刮目相看,但我们走出国门的时候,总是沮丧地发现,还是没有几个人知道深圳在哪里?是座什么样的城市?我们总是尴尬地解释,深圳在"香港的边上",或者在香港和广州的中间。

同样在国外,我们去维也纳,到处都可以看到莫扎特的痕迹,没有一个人跟我们介绍

千夫长漫画像。　　漫像作者:邝飚

这儿有什么企业，有多少GDP；我们去巴塞罗那，从每条街道、每座建筑都能看到高迪的影子；我们去佛罗伦萨，主人也津津乐道达·芬奇、米开朗琪罗和拉斐尔的油画与雕塑。这就不约而同地告诉我们，城市如果让人记忆深刻，就必须有属于这个城市的文化大师，城市应该因人而名，好像还没有多少人因城市而名的先例。

当然这两个文化冠军还只是某个节点的辉煌，还远不是大师，但不妨碍他们为这个城市带来了声誉，从这个意义上，深圳为他们发个勋章也不为过，有形的与无形的都不重要。

深圳文化界曾经反复讨论过"引进大师"的问题，而且至今仍然在致力于引进大师，大家也都意识到需要更多的能够为深圳带来声誉的文化人才，但是怎么引进？怎么留住？怎么产生影响？这些都是问题，所以问题也就永远成为问题。

其实"引进大师"并不重要，重要的在于"发现大师"，甚至"培育大师"。因为引进始终会存在水土不服的难题，"橘生淮南为橘，生于淮北则为枳"。我不太相信王朔在深圳"深入生活"一段时间，会写出属于深圳的杰作。我同样不太相信贾平凹，在深圳"深入生活"一段时间，也会写出属于深圳的杰作。他们无疑都是优秀的作家，但他们只能属于北京和西安，北京、西安活在他们笔下，但如果引进过来，领个创作任务，深圳也许会死在他们笔下。

深圳的文化形象还要靠吃过深圳的米、喝过深圳的水的深圳文化人才能创造。因此归根结底，城市的"辐射力"，还得靠本土源源不断地生成的文化创作者，无论他们是歌手还是作家。

深圳话剧的"阿伽门农"

深圳年轻人多,年轻人多的地方话剧就会活跃。

深圳每个区甚至很多街道,都有自己的话剧剧场,从深圳大学的"黑匣子""石头坞",到石厦街道的"爱剧场"、罗湖区文化馆的"09剧场",以这些星罗棋布的剧场为焦点,汇聚了一大群热爱表演的年轻人,他们有的是科班出身,有的完全业余,排练和演出还经常自己掏钱,但凭着对话剧的热爱,他们闯出了一片天地。他们创作的小品曾登上央视春晚,话剧也屡屡在全国会演中获奖。

在这中间,有一个"知否读剧社"颇有代表性。

"读剧"对咱们是个新概念,其实很古老,源于古希腊史诗戏剧的经典演出范式,在西方文艺复兴时期盛极一时,后在法国、美国、日本等国家得到传播,与传统话剧相比,读剧大大降低了制作成本,从而使话剧从象牙塔走向民间。读剧由台湾话剧人从西方带到台北,并被深圳话剧人李绍琴引进深圳。

李绍琴是一位资深的话剧工作者,曾经是甘肃话剧团主要演员,来深

知否读剧社社长李绍琴（左）、演出《这里的黎明静悄悄》（右）

圳后任市戏剧家协会副主席，她在市文化局艺术处处长位置上退休。2007年，李绍琴拉起了一支知否读剧社，以"读剧"的形式演出了经典剧《雷雨》《家》和原创剧《向死而生》。

很多观众这才第一次领略了"读剧"的魅力，所谓读剧，其实就是读剧本，当然辅之以适度的表演。极简的舞台和灯光，演员主要用语言阐释剧本，人手一册大大的剧本，观众的感受器官集中在耳朵上。虽然没有话剧舞台的那种复杂的舞美、灯光、服装的绚烂，倒反而突出了台词的地位，还话剧以"话"。

从现场的反应看，深圳的年轻人欣然接受了这种异于传统话剧的新品，而且很喜欢这样返璞归真的话剧样式。

其实，"读剧"算来应该是话剧的鼻祖，因为在两千五百多年前，古希腊的雅典卫城剧场，最早的戏剧表演就是剧作家手捧剧本朗诵台词，既没有演员，也没有布景，更没有麦克风。人们现在已经无法想象，当年观众们需要何等的屏声静气才能听清楚台上的声音，当然也不排除当年呈峡谷梯田式深陷于观众席的岛式舞台，本身就有聚拢声音的特效。话剧一诞生就是先"读"后"演"的，这种风气延续到文艺复兴时，欧洲的大小沙龙都是一片诵读声，不但读剧，还读小说、散文，至于诗更是非读不可。中国的元杂剧也是先在书斋里被诵读，然后才走进梨园的。

李绍琴和她的读剧社，一次次卷土重来，演出了《雷雨》《戊戌变法》《这里的黎明静悄悄》等，反应也是一次比一次热烈。

他们甚至带来了古希腊悲剧《阿伽门农》，这部骨灰级的戏剧取材于荷马史诗的特洛伊战争，是"悲剧之父"埃斯库罗斯的《俄瑞斯忒斯三部曲》第一部，是公认的古希腊最出色也最高难度的悲剧之一。埃斯库罗斯的严谨和恢宏，以及他的烦琐和堆砌，像把双刃剑让话剧人不敢随便造次。但深圳的读剧人偏偏选择了这个让人挠头的话剧。

不过这个戏的故事倒是绝对出色，讲述了一个战争与复仇的传奇。阿伽门农出兵特洛伊时，曾经杀死自己的女儿伊菲革涅亚祭神，他的妻子克

读剧社演出"戊戌变法"

中心书城的读剧专场

    吕泰墨涅斯特拉想为女儿复仇，便在阿伽门农得胜后班师回朝时，串通她的情人也是堂弟埃癸斯托斯，谋害了阿伽门农。按照埃斯库罗斯三部曲后两部的发展，阿伽门农的儿子俄瑞斯忒斯又为父亲报仇，杀了母亲，被希腊法庭宽恕，做了国王云云。这是后话。

    这个戏看得观众目瞪口呆，因为今天的人们离这种远古的情感世界太遥远了，在古希腊神话中，家族间的残杀是主要的题材，那个时代人们还没有走出命运的圈套，宿命和被动是时代的行为逻辑。但年轻的读剧演员们很有分寸地把握了这个悲剧，居然只用声音就再现了那些场景。

    非常具有象征意义的是，"阿伽门农"在希腊语里的意思是"坚定不移"，我不知道李绍琴和她的团队选择这出戏，是不是有意选择了这样的寓意。

    但我相信，有这么一批坚定不移的"阿伽门农"，深圳的戏剧天空便总是彩霞漫卷。

游走于方寸之间

国康姓钟,广东湛江人氏,形象属典型老广,但性格作、做派与籍贯相去甚远。一头乱发,始终给人特大号长锋狼毫的印象。

认识他时,是在作家千夫长的客厅里,朋友介绍,这是深圳最有才华的书法家。我当时没太在意,这年头什么都在贬值,"书法家"的头衔已经毫无新意。加上国康拙于言辞,在一屋高谈阔论者里,他安静地打坐并倾听着。如果不是其后的一件事,我们也许会擦肩而过。

那是晚上,酒足饭饱,朋友说,受别人所托有几方印章和十几幅字,想请国康辛苦一下。国康点点头,眼睛立刻像打了蜡似的亮了起来。他顺手从口袋里掏出一把不起眼的刻刀,咔咔地在寿山石上操练起来。在大家的谈笑间,他迅速完成作业,且方方精彩,引来哇声一片。待到泼墨时,国康更是生动异常,浑身摇晃,乱发飞扬,如入无人之境。字写完,他抱着双手在满地的宣纸间游走,眯着眼一副满足的样子,像农民热爱土地一样地热爱那些尚未干透的白纸黑字。

从那以后,我们开始交往,国康的话也多了起来,而且谈锋甚怪,深

篆刻释文（自左至右）：饶宗颐、莫言、贾平凹、三余

为我喜。有一段时间，哥俩更是成天煮茶论道，遂成死党。

看国康写字，是一个心惊肉跳的过程。他用笔用墨从不按规矩来，有时浓墨快把字给淹没了，但他丝毫不惊，稍作晕染，涨墨奇效立显。有时又因吝啬以至枯笔如柴，让人看得牙碜。有些字，明明可以处理得漂亮一点，但他偏偏朝"丑"里写，总是丑得让你过目不忘。这让我想起美学上的"丑美"理论。当然，他的字与当下的"丑书"无关，那些"丑书大师"们从来不临帖、不摹碑，自己怎么随意怎么来，那与书法无关，国康是少年起即已遍临碑帖，真草篆隶皆已纯熟，所以他追求的"丑"是一种与寻常不同的美，有功力在支撑。

好几个博学的书论家，看过他的字，都说国康的字实在是来历复杂，里面有金农，有吴昌硕，有郑板桥，有王羲之，有这个那个。但又不着痕迹地组合在一起，形成独特的"国康体"。

我曾问过他，你师承于谁。

他说，我没有老师，但所有的大家都是我的老师。

你既可以认为这句话很狂，又可以认为这句话很谦虚。反正这就是钟国康的回答。

著名作家贾平凹对他的评价是："我不能准确地读

篆刻释文：百年辛亥

钟国康（左）与贾平凹（右）

出他有哪些突破有哪些局限，但我在他的书法里读出了金石味，在他的印刻里又读出了毛毫、水墨甚至宣纸的感觉，其宣纸上、印石上的作品雄沉豪放，感情充沛，生命蓬勃。"并由衷叹道："这是个什么人呀，可能前世是钟馗，今世才一身鬼气，又邪而正，正而大吗？或许是关公门下吧，玩的是小刀，使的却是大刀的气势？"贾平凹在他的文学艺术馆专门为钟国康举办了《印回大唐》个人篆刻展。据说，国内的许多作家和名人都有钟国康刻的印。

一日，国康来找我，说荣宝斋要出《钟国康书法篆刻集》，他整理了部分墨迹，让我给看看，我恰逢出差北京，便把字与印放进旅行箱奔了机场。在京城，几个文友相聚，我拿出让大家欣赏，大家俱不信作者会是深圳的，因为那个浮躁之地无法有如此雄强脱俗的字与印。此外，这字这印也应该是个老者所为。我只能告诉他们一个字：错。

书法：菩提本无树，明镜亦非台，本来无一物，何处染尘埃。

国康是少有的多面手，各种书体皆拿捏自如。初看国康书法的人，认为他除了写字怪一点外，没什么大不了。及至到了国康的客厅，看见一面墙的巨幅邓石如隶书条屏，问这是花多少钱弄来的，国康曰，二十几年前临摹的。观者这才大为惊叹，临到可以乱真，基本功不用说了。

国康的生活方式在圈子内，是出了名的潇洒。每天不用上班，但很能挣钱，而且颇有李白"千金散尽还复来"的气概。近些年，钟国康致力于榜书，各种牌匾纷纷出笼，深圳的不少茶社、酒肆乃至私宅，都挂上了他题写的匾额，那是他的另类作品。

除了书法与篆刻，钟国康似乎不会别的，但他找到了一门与此相近的爱好。空间设计，他设计的自家大门，曾招来广东卫视的摄像镜头，被称为"岭南第一门"。他的客厅和画室，全部布局包括家私设计，均出于自己之手。于是，朋友和朋友的朋友纷至沓来，甘愿做他家居设计的实验品，每每有别出心裁之举，一时无双。

有时我担心他，在书法艺术与实用设计之间来回串，会不会太累，商业会不会妨害艺术，或者互相妨害。

国康用力瞪着不大的眼睛，摇动一头乱发说，怎么会呢？艺术是相通的，我在用书法篆刻的理念搞装修，再把现代空间规划理念升华到书法上，只会有益，害从何来？另外，我用装修的钱来搞书法篆刻，况且装修设计对我而言，等于休闲。

关键时候，其实国康挺能说，而且刀刀见血。

至于辛苦，他总是说，别看我瘦，劲大着呢。

朋友们都知道，他是通宵干活而不知疲倦的高手，属"老枪"之列。

这就是钟国康，一个用毛笔和刻刀在艺术和赚钱之间游刃有余的艺术家。

The biography of ShenZhen

深圳　传

山川与河流　第六章

城市如人体，贯穿人体的是血液，倘若没有血液奔流，多么伟岸的身躯也只能委顿。

城市的血液便是水，城市的血管便是河流。

深圳最不缺的就是水，河流把水送到城市的每个神经末梢。

绿色的大地上像蛛网一般密布着三百多条大大小小的河流，它们缠绕交织着从山丘、绿地、高楼间蜿蜒穿过，像晶莹剔透的血管一样，让深圳的城市肌体始终充盈着饱满的能量，它们无论从东从西从北出发，方向只有一个：南海。

莲花山的守护者

曾有好事者对中国的山名做过统计，发现重名者众多，前三名为"莲花山""笔架山""马鞍山"。究其原因，大约一是象形，二是寓意。"笔架""马鞍"纯属象形，而"莲花"则既象形，又具寓意。

莲花的别名也最多，它的学名叫荷花，《说文解字》里说"未发为菡萏，已发为芙蓉。"所以"菡萏""芙蓉""芙蕖""水芝"等都是它。汉代文学家司马相如第一个把他的妻子卓文君比作"出水芙蓉"。

莲花在中国文化中的地位甚高。几乎所有的诗家、文豪都不惜笔墨赞颂它，从屈原到李白、苏东坡等，被视为"出淤泥而不染"的典范。同时莲花也是人类生存的象征，远古时期，原始人类为了生存，采集野果充饥，很快便发现荷花的果实和根节（即莲子与藕）不仅可以食用，而且清香甘甜，味美可口。渐渐地，莲花成为原始人类最初的粮食来源。

莲花还是佛教的象征物，所谓"花开见性"，此花指的正是莲花。在佛经中，莲花代表着智慧的境界，即所谓"开悟"。

如此之多的美意，造就了华夏南北众多的莲花山。

莲花山顶的小平铜像俯瞰市中心

在这些莲花山中，最著名的也许就是深圳的莲花山了，到过这座山的除了全国各地的游客外，还有多任党和国家最高领导人，江泽民、胡锦涛、习近平等均多次登临莲花山顶。

莲花山位于深圳市中心区的北端，占地面积166.14公顷，由7个翠绿的山头蜿蜒相拥，从空中俯瞰形状如蓝天下盛开的巨大莲花瓣，得名不虚。

这座山其实并不高，海拔只有93米，山势也不险峻雄伟，却引来万众瞩目，真应了刘禹锡《陋室铭》里的名句："山不在高，有仙则名；水不在深，有龙则灵。"

深圳的莲花山之所以扬名海内外，是因为山顶上有一尊青铜铸造的塑像，一个老人身披风衣，气宇轩昂，步伐坚实，身体微微前倾地大步向前迈进。

不用猜，我们就知道，他一定是邓小平。

邓小平被称为改革开放的"总设计师"，而深圳正是他设计出来的得意之作。如今他站在莲花山顶，向着南方望去，南方便是香港。

香港是在他的手上收回来的，1984年12月19日，中英双方经过长达两年、多达22轮的谈判，最终正式签署了《中英关于香港问题的联合声明》，决定从1997年7月1日起，中国恢复对香港岛、界限街以南的九龙半岛、新界等土地重新行使主权和治权。并商定在香港采用"一国两制"的方针。至此，延续了100多年的《南京条约》《北京条约》《展拓香港界址专条》皆已废除，去国150多年的香港，终回中国怀抱。

邓小平曾经希望在有生之年访问香港，他的原话是："哪怕是坐着轮椅也要去，哪怕在香港的土地上站一分钟也好。"但是在1997年2月19日，离回归还有130多天的时候，他不幸逝世，没有等到那个魂牵梦绕的时刻。

郁郁葱葱的莲花山全景

现在他站在莲花山顶,永远地守护着这座新城,也守护着深圳河对岸那个他想去而不得的东方明珠。

邓小平塑像矗立在山顶广场的中央,高有6米,重达7吨,另有高约3.68米的花岗岩基座。铜像由中央美术学院教授白澜生等4位雕塑家创作,上海造船厂铸造。塑像原想赶在九七香港回归日竖立,但塑像在1997年6月25日从上海运抵深圳后,因为尚未得到中央批准,因此同月向公众开放的莲花山公园并没有这尊塑像。直到2000年11月,在纪念深圳经济特区20周年时,人们才见到这尊传说已久的邓公塑像。这也是全国第一座以城市雕塑形式竖立的邓小平塑像。

从那时起,莲花山公园便一刻没有冷清过。

"过节了,我们来山上看看小平!"这已成为许多深圳人的一种习俗,深圳人对小平的特殊感情,通过他们的每一次登临、每一束鲜花,不厌其烦地重复表达着。

莲花山的南面山坡,植有一万多株凤凰木,当夏天来临,凤凰木花开,满山红遍,一片迷醉。

缓步进入东南角,竟藏着一泓意想不到的"漾日湖",湖边花草摇曳、蝴蝶纷飞，湖水系雨林溪谷的溪流汇聚而成，两股溪水从山谷中奔流而下，溪水流经生态净水湿地、雾谷、生态体验通道等处，植满了藤蔓植物和气根植物，形成藤蔓交错的热带雨林景观。在闹市中心竟有这等清幽处，让人难以置信。

山下有巨大的风筝广场，儿童欢呼雀跃着竞放风筝，成人也手牵丝线，重返少年，心情和风筝一起向蓝天放飞。

梧桐烟云与禅院钟声

梧桐山是深圳第一高峰，海拔974米。

在国内，像梧桐山这样与繁华市区如此邻近的高峰并不多见。进一步是车水马龙，退一步是山高林幽。登临极顶，东眺大鹏湾，西看东深水库，南望香港新界，北达特区边际。方圆31.82平方公里的视野内，你的眼睛会被目及之处的绿色填满。

古人访名山，必先究其名。梧桐山与梧桐树关联有多大，问过很多人均无一致回答，只能向古籍求证。

好在古人早有详述。最早记述梧桐山名的是明朝的《广东通志·卷十三·舆地志一·山川·东莞县》，当时深圳属东莞县管辖，书中明确写道："又南七十里曰梧桐山（其木多梧桐）。"此书为明嘉靖四十年（1562年）黄佐所著，黄佐为明朝中晚期岭南重要的思想家和史学家，父祖两代也均为岭南名儒，他生长、治学于此，虽曾短期外放做官，但终因不愿逐流而归乡著述，写作了一批地方史志，如《广东通志》《广州人物传》《罗浮山志》《广西通志》《香山县志》等，因此其说法较为可信。

梧桐山上"好汉坡"

至于有人认为梧桐山系"乌崬山"转音而来，则显得较为牵强。离深圳三百公里开外的潮州确有另一个乌崬山，"崬"字也是潮州话和广西壮语中表达山的常用字，但深圳在古代与潮语、壮语均无交集，所以无所谓转音。

由此可见，梧桐山的名字来源于"其木多梧桐"，既合理也合情。在中国文化中，梧桐树的寓意比较清晰，早在《诗经》中就有关于梧桐的描写："凤凰鸣矣，于彼高冈。梧桐生矣，于彼朝阳。"意思就是因为梧桐在阳光下茂盛生长，引得凤凰栖息鸣叫。在更多的古诗里，凤凰皆与梧桐紧密相连，《庄子·秋水篇》里也提到梧桐与凤凰："发于南海而飞于北海，非梧桐不止……"庄子说凤凰从南海飞到北海，只在梧桐树上才落下。凤凰非梧桐不栖，显示的是高贵与高贵的相吸。千百年来，"凤栖梧桐"几乎成为一种意象，梧桐树因此被注入灵性，梧桐山自然也被赋予了诸多美

仙湖如天降翡翠

好的向往。

梧桐山是南亚热带野生植物的天堂，各类植物有1419种，其中刺桫椤、红皮油茶、土沉香、白桂木都是濒危的珍稀植物。另有国家重点保护的野生动物蟒蛇、赤腹鹰、穿山甲、小灵猫等196种。

深圳河的发源地就在这座山上，山溪自龙潭洞飞流直下，溅起千堆雪，八条谷渠如八道白练垂挂而下，汇聚成一道轰鸣的水流，但无论如何你都想不到这道起初并不起眼的水流，竟会成为让深港一衣带水的母亲河。

深圳是国内最早开启登山运动的城市，众多的"驴友"均以登梧桐山为第一选择，虽然山中建设了很完善的柏油登山主道，以及不同方向的青石台阶，但他们往往会选择一条自然山路。

有一条自然山路备受青睐，它叫"泰山涧"，走在藤蔓植物旁逸斜出的山路上，可闻谷底水声潺潺，鸟语花香之际，多少人在此鼓起勇气向喜欢的人表白。

继续往上，会遇到登山途中最为险峻的一段，因不少人望而却步，故被称为"好汉坡"，不言自明，是"不到长城非好汉"的意思。这段线路几乎垂直，加上两边视野开阔处均为悬崖，稍欠定力的人往往会头晕目眩。这种状况，只有登过华山的人才有体会。好在这段路也只两百米左右。当你穿过"好汉坡"，站在山巅"会当凌绝顶，一览众山小"的时候，你才会觉得，如果没有"好汉坡"，那登梧桐山还有什么意思？

山顶上，也有一个天池，虽不及天山和长白山的天池那般浩渺，但也十分写意，放眼漫山飘荡的朦胧雾气，给人瞬间恍若隔世之感。此时你会觉得，作为新安八景之一，"梧桐烟云"并非浪得虚名。

从天池向含笑谷走去，不远可见一方奇石，此为"试剑石"。国内名山不乏试剑石，较为出名的是安徽天柱山和苏州虎丘的试剑石，天柱山的并未亲见，但梧桐山的这块试剑石足足比苏州虎丘的试剑石大了20多倍。体积虽然各异，形状却惊人相似，俱为巨石从中间裂开，断面齐整，裂处如剑砍刀劈，让人不由喟叹大自然的鬼斧神工。

自山上俯瞰下去，西面山脚下是一大片翡翠似的绿地，那便是深圳人引以为傲的仙湖植物园。

这个始建于1983年的植物园，早已声名远播，2017年来自全球的3000多名科学家在此召开第19届国际植物学大会，国际植物学大会是国际植物科学界最高水平的学术会议，被誉为植物科学界的"奥林匹克"。自1900年在法国巴黎首次举办以来，百年后首次在发展中国家举办便选择了仙湖。

这里的植物种类达8000多种，不乏

试剑石

弘法寺隐于深山

国家级珍稀濒危种类。值得一提的是这里的"苏铁保护中心",内有苏铁类植物共计 3 科 10 属 240 余种,位居世界第二。有一年,深圳人争先恐后地涌入仙湖植物园,因为他们听说这里的铁树开花了,素闻"千年的铁树难开花"的人们不敢轻信,当他们亲眼见到一株株铁树开花的罕见景象时,兴奋之情溢于言表。

当然,除了这些难得一见的珍稀植物外,仙湖的仙气还在于这里有一座不同凡响的寺庙——弘法寺。

弘法寺是 1949 年新中国成立后兴建的第一座寺院。

改革开放后,国内宗教场所逐渐恢复,深圳位于开放前沿,对港澳台乃至海外影响力渐涨,为满足海内外佛教信众的期待,在深圳兴建大型寺院的计划开始落实。1983 年,弘法寺开始筹建,1985 年 7 月 1 日,弘法寺破土动工。弘法寺有别于国内其他寺院均为维修或复建,它完完全全是一座新建寺院,中国佛教协会会长赵朴初亲笔题写了"弘法寺"牌匾。

开山方丈为南禅临济宗第 44 代传人本焕,本焕长老为蜚声海内的高僧大德，23岁出家。本焕长老俗姓张，名志山，1907年生于湖北新洲，因家境贫寒，仅读了六年私塾，就辍学到武昌当印刷徒工。他在碧山寺修行期间，曾用自己的血书写了《普贤行愿品》等19部佛经，共计20余万字。这部惊世骇俗的"血经"使他在佛教界声名鹊起。由他出任弘法寺开山方丈，自然实至名归。

本焕长老一生出任多处禅院方丈，包括五台山碧山寺、韶关南华寺、丹霞山别传寺、广州光孝寺等。

1992年6月，弘法寺主体建筑基本完成，举行隆重的佛像开光暨本焕长老升座典礼，同时对外开放。自深圳弘法寺建成后，本焕长老即以此为固定道场，相守终生。

2012年4月2日，本焕长老以105岁高龄圆寂于弘法寺，坐化得舍利子，后其舍利子被黄梅四祖寺等禅院迎回永久安奉。

本焕长老传衣钵于弟子印顺，临济宗第45代传人印顺法师，2008年升座为弘法寺方丈。

每日，弘法寺的暮鼓晨钟缓缓敲响，梵音袅袅远达天际，为这座年轻躁动的城市送去安宁祥瑞。

小河弯弯向南流

城市如人体，贯穿人体的是血液，倘若没有血液奔流，多么伟岸的身躯都只能委顿。

城市的血液便是水，城市的血管便是河流。

深圳最不缺的就是水，河流把水送到城市的每个神经末梢。

如果从空中看下去，绿色的大地上像蛛网一般密布着300多条大大小小的河流，它们缠绕交织着从山丘、绿地、高楼间蜿蜒穿过，像晶莹剔透的血管一样，让深圳的城市肌体始终充盈着饱满的能量，它们无论从东从西从北出发，方向只有一个：南海。

东边流进大鹏湾、大亚湾，西边流进深圳湾，出珠江口，入伶仃洋。

按照河流的流域面积，深圳的河流分为五个梯级。

第一梯级为流域面积超过100平方公里的河流，有5条。即深圳河、茅洲河、龙岗河、坪山河、观澜河。这是深圳河流中的5个大佬。

第二梯级为流域面积在50—100平方公里之间的河流，也有5条，即丁山河、沙湾河、布吉河、西乡河、大沙河。

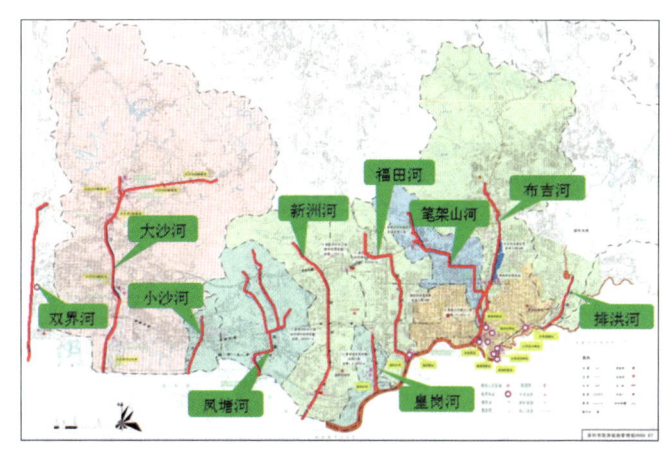

深圳十大干流示意图

第三梯级为集雨面积大于 10 平方公里小于 50 平方公里的河流，有 69 条。

第四梯级为集雨面积大于 5 平方公里小于 10 平方公里的河流，有 106 条。

第五梯级为集雨面积大于 1 平方公里小于 5 平方公里的河流，有 125 条。

这 310 条河流纵横开阖，滋润着被摩天大厦和沥青水泥覆盖的土地，它们有的像大号斗笔，有的像小楷狼毫，时而写意、时而工整地勾勒出一幅氤氲弥漫的水墨画长卷。

当然，在这所有的河流中，最值得写上一笔的还是深圳河。

顾名思义，她是深圳的母亲河。

据清代《新安县志》记载，深圳河水深且急，遇到下雨，必发洪水，居民来往十分困难，常有人"不知深浅，动遭淹溺"。为此，康熙二十八年（1689 年），当地人在深圳河上建造了一座"惠民桥"，此桥以石头建造，是今日"人民桥"的前身。不过县志里所记载的深圳河，实际上是深

深港隔河相望，右边为深圳，左边为香港。

圳河的一个枝杈，位于老东门一侧，继续向南数公里才是深圳河的干流。

深圳河全长37公里，属珠江三角洲水系，自东北向西南流入深圳湾，出伶仃洋。

深圳河发源于梧桐山，梧桐山为深圳第一高峰，山高林密，主峰山泉汇入天池。天池水顺着山谷而下形成了壮观瀑布群，春雨时一泻百米，声如洪钟，激起千层浪，散出万束雾花，精美绝伦。天池水注入数百米之深的龙潭，龙潭水流至龙珠山，于此汇集八条谷渠水而成深圳河。

这一湾柔波如同一道脐带，哺育并连接着深圳和香港。鸦片战争之前，香港一直隶属新安县管辖，政令统一，言语同音，本无界限。1842年中国近代史上的第一个不平等条约《南京条约》签订，香港岛被割让；中日甲午战争后，英国于1898年又迫使清政府签订《展拓香港界址专条》，将深圳河以南、界限街以北的土地租借给英国，并将租借地称为"新界"，租期为99年，从此香港与深圳从这条脐带上一分为二。

深圳河的中下游变成了深圳与香港的界河，流域面积共312.5平方公里，其中香港新界流域面积为125平方公里。

在隔河相望中，香港与深圳各安其命地走着自己的道路。

1997年，香港回归中国。

从一分为二到合二为一，这对孪生兄弟用了近百年。

深圳河流域的上游植被良好，草木丰茂，水流清澈。中下游因城市经济的快速发展，污染情况一度比较严重，近些年随着《深圳市治水提质工作计划》的制订，深圳河水质逐年提升，目标是"让碧水和蓝天共同成为深圳亮丽的城市名片"。

深港两地对深圳河的治理最早可以追溯到38年前。1981年12月，深港正式提出治理深圳河问题，当时深圳和港英政府组成联合工作小组开展工作，双方在严重污染的黑水治理上达成高度一致，但毕竟香港境内的深圳河在新界，远离市区，人迹罕至。而深圳河与特区的繁华地带紧密相连，所以不可否认的是深圳的积极性和迫切性都高于香港。故而深圳河的治理进度并不理想。一度，汽车从鹿丹村通行时，乘客都会捂住口鼻，因为臭气熏天。至于沿岸市民更是叫苦不迭，甚至影响到长期驻守在界河的武警战士的健康。

九七香港回归后，两个特区政府加快了治理深圳河的步伐，双方于2004年起合作进行深圳河水面保洁。现在深圳方面建有专门的水面保洁码头，保洁员每天8小时水面工作，确保深圳河水面在任何时候都没有异物漂浮。

值得一提的是，边防武警们还成立了"护河小分队"，并与深圳治河办积极联系，利用在这个河段执勤之余清理河道，经过日削月减，如今的深圳河已经"改头换面"，河水变得清澈，异味也基本消除。

每到假期，落日红霞、万鸟齐飞的深圳湾畔再次成为市民和游客的"网红打卡地"。

深圳河还有10条支流,从东到西依次为:深圳水库排洪河、布吉河、福田河、新洲河、凤塘河、皇岗河、笔架山河、小沙河、大沙河、双界河。

这10条河都不长,最长的是16.47公里的布吉河,最短的是2.14公里的皇岗河。但它们流经的区域是深圳人口最密集的核心城区,横跨龙岗区、罗湖区、福田区、南山区、宝安区。只要来过深圳的人,就必然会与这几条河流相遇。

恣意汪洋的河流成为这个城市的筋络

除了深圳河,尚有其他的四大干流:

若论长度,茅洲河为深圳市第一大河,全长41.61公里,属于珠江水系,发源于羊台山北麓,是深圳与东莞的界河。

龙岗河发源于梧桐山,河长35公里。上游由横岗街道的梧桐山河、大康河、简龙河以至何茂盛河,而后流经龙岗街道、坪地街道、坑梓街道后入惠阳境内。其支流主要分布在龙岗河右岸,走向多呈北北东或北东向,如一把优美的梳子在大地上梳理出生命通道。

观澜河发源于宝安区民治街道境内的大脑壳山,河长14.95公里。向北流经宝安区的游松、清湖和观澜后进入东莞市,于东莞境内始称"石马河"，继续北流经樟木头镇和桥头镇，汇入东江。

坪山河起始于碧岭水与三洲田水汇合处，下游止于石溪河河口下游的兔岗岭水陂，河道总长度15.67公里。

必须要赞美这些河流，在农耕时代，它们注入阡陌纵横的水田、河沟，使农夫一年的播种得以收获。在都市时代，它们则为流域内的人们输送着清冽的甘霖，使这片紧绷的热土不致龟裂。

阳光下，这些恣意汪洋的河流成为这个城市的筋络，使得深圳的躯干富有弹性，曲张有致。

The
biography
of
ShenZhen

深圳 传

古怪的地名　第七章

深圳因为地处中西文化交集点,地名也不可避免地呈中西文化交互性,俗称土洋结合。

地名是解读历史的密码。

通往历史的途径无非几条:传说、实物、文字、图像,而地名正是连接这些传说、文字、图像、实物的秘道。地名是一方水土历史、文化、性格、品位的集中体现,是人类历史的活化石,地名的作用决不仅仅是为了识别地理位置,更重要的是具有文化传承、审美教化的功能。

在深圳的这些或土或洋的地名背后,隐藏着无数不为人知的故事。

到处皆是"围"与"坑"

外地人到深圳，会发现一个反差巨大的现象，就是极其时尚、洋气的城市却有很多拗口甚至土气的地名，无论是街道名、社区名都让人一时难以明白。

究其原因，恰恰反映了深圳快速发展留下的步履痕迹。上千年的农村、渔村，倏忽之间变成超级大都市，再快的脚步也赶不上离去的背影。正如一个人，衣服换起来容易，但皮肤、老茧、皱纹却没那么容易抹去。

刚来深圳时，我做记者，采访时经常要拿着地图找地方，我和朋友开玩笑说："深圳地名有点蒙，到处皆是围与坑。"并不是指在这里经常被围困，或者经常被人坑，而是指"围"和"坑"组成的地名太多了。

先说"围"字。蔡屋围、沙田围、白灰围、水浸围、玻璃围、背带围、吓屋围、水围、福围、新围、老围、草围、基围、海围、上围、下围……

在任何一个城市，假如你拦住一位姑娘问："请问您三围在哪里？"迎接你的可能是一记耳光，至少是一句回骂："流氓。"但在深圳，你可以光明正大地这么问，因为宝安区西乡街道有个三围社区，以前叫"三围村"。三围村里不但有三围街，还有三围码头，处处离不开"三围"。

"围"字地名的含义到底为何？很少

层层设防的客家围屋

有人细究，实际上至少有两种情况。

第一种，是基于一种水利工程。因为深圳地处沿海，历史上就有"青山半入城，六脉皆通海"的说法，水网密布、滩涂交错，因此必须"围垦造田"，这些在近水地带筑堤构成的封闭圈就叫作"围"。在北方的江淮地区一般写作"圩"，在汉语字典上"围"与"圩"是相通的，区别在于"圩"只能做名词，而"围"则既可以做名词，也可以做动词。"围"得多了，自然以围为名的村落及道路也就多了。

第二种，来源于客家围屋文化，客家人因为战乱从北方中原地区迁入岭南，作为外来者自然时常遭原住民的袭击，他们为了保护自己只能聚族而居，建起一座座庞大而封闭的堡垒式建筑，这种或方或圆的封闭建筑被称为"围屋"，很多村也就以最大的围屋命名，而围屋四周的道路也就因同样的原因而得名。那些"新围""老围""大围"之类的地名，便由此而来。

深圳除了"围"多，"坑"与"涌"也多。

带"坑"的地名如：杨梅坑、大水坑、白泥坑、老虎坑、料坑、甘坑、塘坑、坑梓等，甚至还有万年坑。处处有坑，仿佛无坑不成村。但这绝不意味着此地满处都是地洞。

因为在粤语里"坑"带有"低洼地"的意思,这些带有"坑"的村、街、路,大都处于地势较低的位置,大雨一来,很快就成了水坑一片,稍不留神就掉进坑里,所以后来"坑"成了害人的意思,大约也来源于被人陷害掉进水坑的原意。好在今天有了完善的市政排涝设施,即使在雨季,这里也不再被水淹,所以来这些地方也不再怕被"坑"了。

此外,深圳带"涌"的地名同样很多,东涌、西涌、葵涌、溪涌、塘下涌等。

这个"涌"在粤语里必须读作"冲",而不能读作"勇",深圳人靠这个地名的读音,立马就可以判断你是"老深圳"还是"新深圳"。

"涌"其实就是河汊的意思,是指河流中因河间小岛或沙洲使水流分成两股或多股的河床,是一种冲积平原。20世纪80年代初曾兴起的地名改革中把"涌"改成了"冲",一度"涌"与"冲"并用,引起混乱,近年来大都复原为"涌",但仍读作"冲"。

类似这种误读的地名还有不少,最大的谬误就是"背"与"贝"因为同音而混用。现在深圳地名中有很多带"贝"字的,比如,水贝、田贝、湖贝、径贝、坳贝、黄贝岭等。"贝"的本意是贝壳类软体动物的总称,意味着与海有关,但很多叫"贝"的村子其实并不靠海,最明显的例子是深圳有三个水贝村,除了大鹏的水贝村靠海稍近些,公明的水贝村和翠竹的水贝村,都远离海边,纯为田地,农田里难道也都充斥着贝吗?

原因何在?这其实属于古籍笔误造成的以讹传讹,古代的印刷主要是雕版,因为抄写、镌刻要经过很多人之手,随意性很大。经查清康熙二十七年(1688年)的《新安县志》,在地理卷中,这些村落地名大都写作"水背村""田背村""坳背村"等。

这就豁然开朗了,"背"是非常明确的地理位置标示,意为在山、水、田的背面，指向性一目了然。虽然偶见"背""贝"混用，但可以轻易地看出"贝"乃笔误。但到了100多年后的嘉庆年间的方志，则又一律写成了"贝"，谬误肇始于此。推测起来大约是长官意志，为了图省事，一道行政命令，万事一了百了；当然也极可能是取其好兆头，中国人遇事总喜欢讨个吉利。

无论哪种情况，都是主观人为的结果，取名趋利避害似乎也无可厚非，农耕时代一切尊崇天意，倒也合理。甚至时至今日，希图吉利的心理依然存在。如深圳国际机场原名为"黄田机场"，因为位于西乡的黄田村，一叫就是10年，到了2001年，深圳机场向国家民航总局申请，更名为"宝安机场"，在国内民航界实属罕见，然终获批准。官方没有解释更名理由，民间有种说法是部分台湾及海外华人旅客反映，在闽南话中"黄田"与"黄泉"发音相近，非常忌讳，所以他们常常会选择邻近的广州或者香港机场落地，毕竟谁也不愿意去黄泉。此理由不可谓不充分。

改革开放之初，深圳的中心区叫上步管理区，区内有上步村，村内还有个下步庙。叫得倒也顺口，上步区、下步庙。但逐渐有人琢磨出不是滋味，戏称为"上不去，下不妙（上步区，下步庙）"，这岂不是骑上了老虎背嘛。后管理区升格为行政区，干脆更名为"福田区"，"得福于田""广种福田"，多么美好的愿景。

当然，深圳地名也不全是土得掉渣的，也有非常文艺、雅致的名字。

首推观澜镇，还有鲤鱼门、灵芝村、通心岭、红荔路、松园路、翻身村、百鸽笼等。

观澜镇，曾经是宝安县的大镇。相传乾隆年间有个名士邓坤，从羊台山上下来，看见一条清澈的河流奔腾而下，大赞道："听涛观澜，真正好水"，遂将此河命名曰"观澜河"，村人建了一座"观澜庙"，后在此集市成墟，墟亦取名观澜墟，一时繁盛，成为深圳区域的四大名墟。

文锦渡直通香港

深圳有个重要的关口叫"文锦渡",本来是个乡间渡口,在深圳河畔,与香港新界上水隔河相望,后开通文锦渡口岸,成为香港与内地之间最早的大型公路口岸。"文锦"语出《汉书》,意为文彩斑斓的织锦,这条锦绣通道曾经铺就多少人的创业梦。

在南山区西丽有个村子叫"留仙洞",而且200多年前,就开始叫留仙洞村,但具体地名来由已不可考,未见史志记载。村里老人都笃信一个传说,清朝初年,每到傍晚时分,村中都会出现一名年轻女子,她用两枚钱向村民购买灯油,然后飘飘走向村外的一片竹林,很快消失不见,村中人大都因为卖灯油而渐有收益,再想向女子道谢,却遍寻不着,均认为是神仙龙母下凡显灵,于是在村边建庙供奉,现在留仙洞仍存有一座"龙母古庙"。

此外,深圳还有"民主村""共和村""民治村"等,现在皆是社区,带有浓烈的民国气息，这其实并不奇怪，1900年10月6日，孙中山先生在深圳的三洲田地区发动武装起义，打响了推翻清王朝封建专制统治的第一枪，史称为"庚子首义"，11年后辛亥革命方告成功。以此观之，深圳是名副其实的反封建策源地。

深圳因为地处中西文化交集点，地名也不可避免地呈中西文化交互性，俗称土洋结合。甚至在大鹏新区葵涌街道有个村就直截了当地叫"土洋村"，走进土洋村，发现此名不虚，这里有古老的岭南民居，也有罗马风格的天主教堂，抗日战争时这里成为东江抗日游击纵队的司令部。

土洋村烈士纪念碑

地名是解读历史的密码。

通往历史的途径无非几条：传说、实物、文字、图像，而地名正是连接这些传说、文字、图像、实物的秘道。地名是一方水土历史、文化、性格、品位的集中体现，是人类历史的活化石，地名的作用决不仅仅是为了识别地理位置，更重要的是具有文化传承、审美教化的功能。

在深圳的这些或土或洋的地名背后，隐藏着无数不为人知的故事。

家住蛇口

曾经有个故事，一个女孩初到深圳，和家人通电话，家人问起在深圳住哪里？女孩说住在蛇口，家人大惊，说赶紧搬走，这么危险的地方怎么也敢住。女孩费尽口舌解释，这只是一个地名，一条蛇也看不到。

也许这是个笑话，如今即使是小学生写作文，也不忘拿这个地名开个玩笑："我家住在世界上最危险的地方——蛇口。"曾经有个房地产广告，赫然只有四个字"家住蛇口"，据说楼盘一夜售罄。商人的嗅觉总是最灵敏的，像蛇一样。

其实这个地名，貌似古怪，实则非常形象，取之于蛇口的地貌特征。南头是个半岛，犹如出洞的蛇头伸向南海，而蛇口就位于南头半岛的东南端，其形恰如张开的蛇口。

除了这个吓人的名字让人印象深刻，蛇口在中国改革开放历史进程中所起的作用更令人铭记不忘，很多写深圳的文章都喜欢用"蛇口的开山炮"作为开头，"蛇口模式"一度与"深圳速度"齐名，甚至在一段时间内，"蛇口模式"成为深圳改革开放最鲜明的符号。

但是，当年是如何选中这个名字有点吓人的弹丸半岛的呢？今天的深圳人大都知之不详了。

那是改革开放的史前史了。

1977年5月9日，交通部部长叶飞率团访问了北欧四国，同行7人，谁也没想到，其中有一位几年后成为蛇口半岛的掌舵人、蛇口模式的开创者，甚至被称为"蛇口之父"。

蛇口地形图

他叫袁庚，时任交通部外事局副局长，岁逢花甲。

在这次为时20天的出访中，这批共和国的创建者们真切地领略到中国以外的世界，所到之处无不体会到中外之间的差距之大，无论是外国的交通、港口乃至整个工业化程度，都比中国先进得太多了，从设施、硬件到管理、运行体系，都把中国远远甩在了后面。在外访的旅途中，他们越看越兴奋，也越看越焦虑，尤其是袁庚一直皱着眉头，他在思考一个问题：为什么资本主义国家能做到的事，我们社会主义国家反而做不到呢？国外的先进经验是否可以为我所用？

在飞机上、火车上，叶飞和袁庚多次商量如何改善中国的交通现状，加快中国现代化的进度，缩小与世界发达国家的差距，千头万绪，哪里是突破口呢？

此刻，他们不约而同地想到了一个几乎已被遗忘的机构：香港招商局。

招商局是晚清中兴大臣李鸿章上书设立，获得同治皇帝批准，建于1872年，原称"轮船招商局"，主业轮船运输。轮船招商局的横空出世，打破了外资洋行垄断中国航运的格局，成为中国民族航运业的旗舰。

轮船招商总局的门楼

此后招商局的胃口越来越大，并不满足于航运业，迅速升级成中国最重要的实业投资商。其先后投资创办了中国第一批工商企业，其中著名的有：中国第一家大型煤矿——开平矿务局，中国第一家大型钢铁煤炭联合企业——汉冶萍厂矿煤铁有限公司，中国第一家大型纺织企业——上海机器织布局，中国第一家银行——中国通商银行，中国第一家保险公司——保险招商局，中国第一条电话线——大沽码头至紫竹林货栈，中国第一条专线铁路——唐山至胥各庄铁路，等等。

1949年，新中国成立。次年，招商局被中华人民共和国政府接收，成为新中国在港全资国有企业，隶属交通部。当时香港尚处于英国管制下，招商局作为央企在市场化程度极高的香港难有作为，除了十几艘旧船，其他业务乏善可陈。

此时，叶飞和袁庚从北欧投注回来的目光，直接改变了招商局的命运，让一个处于边缘化的企业一步跨到了舞台中央，站在了历史的聚光灯下。

结束了对瑞典、芬兰、丹麦、挪威北欧四国的考察，1978年6月27日下午，交通部长叶飞向中共中央副主席李先念及几位国务院副总理做了汇报，第一次向中央正式提出了关于充分利用香港招商局的问题，获得了中央的首肯。10月9日，一份《关于充分利用香港招商局问题的请示》

由交通部直呈中央，仅仅三天后，李先念就在文件上签批了，签批如下："拟同意这个报告。只要加强领导，抓紧内部整顿，根据华主席'思想再解放一点，胆子再大一点，办法再多一点，步子再快一点'的指示，手脚可放开些，眼光可放远些，可能比报告所说的要大有可为。"此后几天里，中共中央主席、国务院总理华国锋圈阅批复，紧接着副主席叶剑英、邓小平、汪东兴和副总理纪登奎、余秋里、谷牧、康世恩等也迅速批复同意。

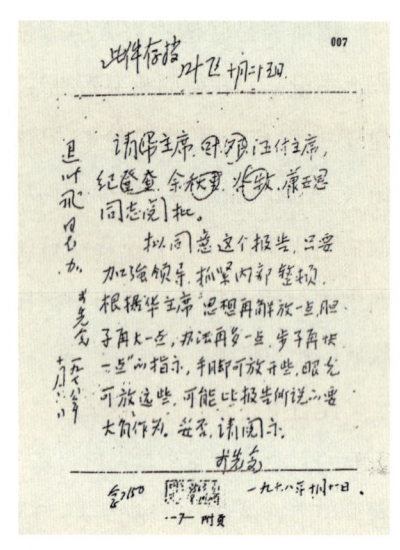

李先念副总理在交通部利用招商局的报告上的批示

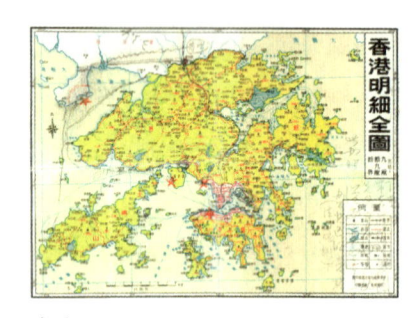

袁庚受命赴港，出任招商局第29届常务副董事长。生于深圳又熟知香港情况的袁庚，意识到香港寸土寸金，如果在此买地皮搞建设，将不堪其重，但他同时敏锐地发现招商局的船不经过任何检查，可以直接进出香港码头，在内地与香港之间自由往返。由此，他萌生了一个大胆的设想：在内地沿海建立一个出口加工基地，利用广东毗邻港澳的土地和劳动力，吸收香港的资金和技术，如果这样做，香港任何财团都无法和我们竞争。

香港明细全图

此想法得到交通部和广东省的赞许，决定在与香港相邻的深圳宝安县沿海地段建立工业区，初选了三个公社备选：沙头角、蛇口、大鹏湾。最终经实地考察,确定蛇口。

选址时有个有趣的细节,当袁庚向李先念汇报到要求划出一块地作为招商局的工业用地时,袁庚随手呈上一张《香港明细全图》,因为当时深圳地图上尚无蛇口的标注,李先念用铅笔在这张香港地图的左上角画了两条黑线,说:"给你一块地可以,就给这个半岛吧!"袁庚一看吓坏了,李副总理把整个南头半岛都画进去了,那可是50多平方公里呀。结果,袁庚只要了南头半岛南端临近港口的地方,李先念又用红铅笔画了个圈,这便是只有2.14平方公里的蛇口。

20多年后,有人问已经退休的袁庚,有没有后悔当初只要了那么小一块地。袁庚摇摇头:"我没那么大的胆量,当时怎么敢要整个南头半岛呢?我要这么一小块蛇口,也是蛮大的一块土地了。国家能够给予一个企业这么大的自主权,作为一个领头人,我是要负责任的。"

确实,由一个企业独立地开发、建设、经营、管理一个相对独立的区域,并在经济体制和行政管理体制上进行全方位配套改革,这在中国的城市史上还是首创。蛇口模式产生的基础即在于此。

此后,蛇口屡屡做出石破天惊之举,从观念层面到行为层面都冲击着当时缓慢而僵化的中国,抛给世人一个又一个奇迹。

1979年7月,沉睡了上百年的蛇口,伴着那声震耳欲聋的开山炮猛然醒来,这既是蛇口工业区基础工程正式破土动工的第一炮,是标志着中国改革开放的第一炮,也是深圳经济特区建设的第一炮,同时还是中国首个出口工业加工区建设的第一炮。

如今的蛇口,工业区的格局已逐渐演变为商业区与宜居的住宅区,休闲与观光是这里的主调,星罗棋布的咖啡馆隐藏在每一条巷子深处。

全世界凡到此者都会来蛇口,他们的首选往往是"海上世界",这是一艘法国建造的豪华游轮,排水量14000吨,1962年,法国总统戴高乐

蛇口半岛40年对比图

为这艘游轮下水剪彩，随后它出入过全球100多个国家的港口。1973年，这艘游轮被我国购买，成为广州远洋公司的豪华客轮，命名为"明华轮"。1979年，廖承志曾率团乘此船出访日本，它因此被称为"中日友好船"。

1983年8月，"明华轮"完成了最后一次航行，抵达深圳蛇口，经过改造，成为集酒店、娱乐为一体的中国第一座综合性海上旅游中心。

1984年1月26日，邓小平同志视察蛇口工业区，兴致勃勃地登上九层高的"明华轮"，欣然提笔写下了"海上世界"四个洒脱的毛笔字。如今，往来的游客必与这几个字留影。

20世纪90年代末，"明华轮"尚浮于海，但21世纪之后"海上世界"已经在陆地上，那艘风浪中的"海上世界"已经成为老蛇口人的记忆。

2016年1月，99岁的袁庚病逝于蛇口，这位蛇口工业区的缔造者也许当初没有想到，40年后的今天，当年那个局促的小渔村会成为拥有40万人口、人均GDP超过6万美元的国际化滨海新城。

八卦岭没有八卦

八卦岭，什么时候叫这个名字的？谁也说不清。

"八卦"这个词对于喜欢传统文化的中国人并不陌生，既神秘莫测，又莫衷一是。在《易传·系辞上传》中首出此词："易有太极，是生两仪，两仪生四象，四象生八卦。"最抽象的"八卦"是一个哲学概念，是相生相克的阴阳学说，常人永远弄不懂；最具象的"八卦"其实是最早的文字符号，是推演时间、空间的万能工具。所以预测有"八卦图"，用到武术上有"八卦拳"，用到战场上有"八卦阵"，等等。

但广东人另有解释，贬义满满，粤语里的"八卦"指一个人喜欢搬弄是非，热衷传播小道消息，到处打探个人隐私，所以人们把娱乐新闻一概称之为"八卦新闻"。广东人把好管闲事的长舌妇称之为"八婆"。

八卦岭，既无"八卦"，也不"八卦"。

既然史料遍查无着，在古地图上这里也是一片无名丘陵，改革开放前这里尚是沟壑纵横的田地，所以应该是40年前刚刚开发的地块，那么我这里给出一个大胆推测：八卦岭是个现代地名，"八卦"源于此处纵横交

灯火在纵横交错中闪烁

错规划的街道，因为此处原是丘陵故为"岭"。你一走进八卦岭，更会认同我的说法，这里的规划格局与深圳所有的城区迥然相异，四横九纵的街道像棋盘画线一样规整，东西向与南北向垂直相交。"四横"是东西向的四条长长的道路，自南向北依次为"八卦一路"至"八卦四路"，"九纵"则是南北向的九条短短的道路，自东向西依次为"八卦一街"至"八卦九街"，如果从空中俯瞰下来，则更一目了然。但如果身处其间，你常常会迷失在那些相似的街道上。

看看它的发展史，更可以佐证上述判断。

八卦岭始建于20世纪80年代初，属于福田区，与罗湖区交界。为什么街道与建筑如此整齐划一，原因十分简单，按规划这里是个规模巨大的工业区，带着鲜明的老式香港工业建筑的风味，一幢幢框架式工业厂房，货柜车在四横九纵里自如穿行。因为近20年，八卦岭在"腾笼换鸟"的新发展思维下，脱胎换骨地从一个傻大黑粗的工业区蜕变成花枝招展的商业物流区，所以，人们已经忘记了它最初的模样，以至于对它的姓名产生了困惑，这对一个飞速发展的新兴城市再正常不过。

现在的八卦岭已经充斥着设计公司、时装公司、IT企业和最为庞大的文化产品批发市场。大楼也从单一的灰色调过渡到丰富的色彩，每到初春时节，种在八卦岭大街小巷旁的火红的木棉花齐齐盛开，在蓝天白云下与各种色彩的楼房交相辉映，给这片过于整齐、呆板的园区增添了几分灵动的味道。

最初的八卦岭，在深圳人的认知里就是印刷基地，大大小小的印刷厂都群聚于此，包括中国为数不多的几家可以印刷钞票的国宝金币铸造厂也在这里。据说最高峰的时候八卦岭进驻了1000多家印刷企业，形成了中国首屈一指的印刷产业群。

几乎国内所有出版设计业、包装业从业者都知道，"中国印刷看深圳"。有两个案例足以说明问题：一个是2001年1月，深圳为北京印制了《北京2008年奥运会申办报告书》，打造了中国"申奥"的"钥匙"；另一个是2002年1月，深圳又为上海印制了《中国2010年上海世界博览会报告书》，为中国叩开首次"申博"成功的大门。这两个印刷界要求最高的印刷品都出自深圳雅昌印刷公司，此后他们多次摘取了被誉为全球印刷界"奥斯卡"桂冠的"Benny Award"金奖，至今，雅昌仍然保持着国内印刷业的翘楚地位。

印刷业的发展，自然也带旺了图书发行业。

和深圳的其他工业园区一样，八卦岭工业区也用数字来给每一栋厂房命名，其中最著名的有两栋楼。一栋是551栋，当年中国平安保险公司的所在地；另一栋是512栋，深圳最大的民营书刊批发市场。

书刊批发市场大门

    我到深圳的最初几年，在那些灵魂无处安放的周末，最喜欢的去处就是八卦岭512栋"书刊批发市场"。那里可以看到全国各地最新出版的图书，像菜市场里的萝卜白菜一样地堆在地上，这让酷爱读书的书虫子欣喜若狂。能到批发市场买书回家读的，很多都是推着小车，一买就是几十本，因为毕竟是批发市场，即便是零售，也能享受极低的折扣价。这里从对折书到一折书均可能买到，就看你和老板的砍价功夫，与在东门服装店里砍价无异。

    八卦岭像黄埔军校，很多年以后叱咤商海的老板，都曾在这里摸爬滚打。我见证过一个年轻人在八卦岭的成长故事。

    他叫吴长明，江西上饶人，他闯深圳时，因为没有文凭，找工作异常艰难，几乎弹尽粮绝之际，找到了一份报纸投递员的工作，类似今天的快递小哥，因为常常到八卦岭批发报纸，慢慢摸到门道，后来辞了投递员，自己做起了书刊批发，先是小打小闹，从一个摊位到一个柜台，再到一个门店，再到自己开独立书店，进而进入国际图书引进，最终在香港注册了自己的出版公司，这个文化水平本来不高的年轻人最终成了出版社董事长。

这样的故事，在八卦岭已经相当平常。

八卦岭是神奇的，它的神奇在于创造了一个又一个创业神话，而且在给人们提供了足够的精神食粮以后，它还能满足大家不可或缺的胃口需求。

八卦一路的美食街是深圳第一条荟萃华夏各地美食的食街，有人试过在这条街上，每天换一家饭店挨个吃过去，3个月没吃重过。那时初来乍到，问一广东朋友去哪儿吃饭方便，他脱口而出："八格牙路。"我吓了一跳，后来才明白他没骂人，广东话里一的发音是牙，"八格牙路"就是八卦一路。

经常困扰吃货们的一大选择题就是："今天去哪吃？"假如拿不定主意吃什么的时候，往往一句"去八卦一路美食街"便立刻会平息纷争。因为在这条街上，你能从岭南一直吃到东北，能从大陆一直吃到台湾，甚至从国内一直吃到东南亚。无论你是重口味还是清淡控，都能一解舌尖之

八卦一路美食街的众饭店

欲，因为酸甜苦辣咸的各大菜系在这里等待着你。当然这里的海鲜和河鲜仍然是特色中的特色。2003年以前，在这里还可以吃到各种罕见的野味，各类蛇庄遍布，最著名的是"胜记"，那一年非典爆发，人们知道病毒可能来自他们津津乐食的果子狸、穿山甲与蛇，自此八卦岭告别了野味，回归了健康饮食。"胜记"也转型专做海鲜与河鲜，此外，粤菜系的"金利龙"、西北菜的"西贝"、潮州菜的"豪林居"都成了金字招牌，成了"铁打的八卦，流水的食客"。

八卦一路的食街后来又扩展到二路、三路，不单在八卦岭一带上班和居住的人喜欢到这里吃饭，也吸引了许多远在关外的美食爱好者，从20世纪90年代初至今，八卦岭食街如同八卦路上的木棉花一样红火依旧，并成就了不少老字号和连锁店。

随着城市空间的更新改造，当年的印刷厂和其他工厂均已陆陆续续搬出了八卦岭，这里不再听闻机器的轰鸣声，书刊批发市场依然还在，但红火不再，见证了纸质书籍日益边缘化的现实。

经过了蝶变的八卦岭，已经成为很多游客的目的地，在这里他们感受到更多的扑面而来的文艺气息，他们更愿意迷失在这样的气息里。

The biography of ShenZhen

深圳 传

街巷记　第八章

若没有搬过五次家，就算不上真正的深圳人。

他们大多在城中村住过，或许在深圳住过却没有住过城中村的，也算不上真正的深圳人吧。

现在，白石洲已经拆了，民乐村也面临拆除，但曾经的生活和曾经有过的梦想是拆除不了的。

用不了多久，"亲嘴楼""握手楼"乃至"城中村"都会消失，蜕变成为一个历史名词，或许会作为城市的历史被保留下有限的一点点，成为历史的废墟，记录一段其实与风月、情色无关的故事。

不眠的巴登街

巴登街，对于早期闯特区的人来说，是最著名的一条街。

很多人来深圳都在这里住过，至少逛过，我也不例外。

巴登街是我在深圳最初的租住地，因为这里离我工作的《深圳特区报》只有600米，还因为它虽然身处绝对的市中心，但这里的房租很便宜。

这条街位于南园街道，西边紧靠繁华的蔡屋围，地王大厦和深圳大剧院都矗立在旁边。

一般人所说的巴登街实际上是指以这条街为核心的整个城中村，如今叫作"巴登社区"，这个社区由两个村组成：巴登村、埔尾村。改革开放之初，国人鲜有机会去香港，一踏入深圳就被告知："去巴登街看看，那里最像香港。"

果然，走进这条处于闹市中心的小街，瞬间便会被耀眼闪烁的霓虹灯迷醉，然后迅即被一股巨大的磁场吸进四通八达的羊肠小道。街道似乎并不长，但你发现好像永远也逛不到头，原因是在夜色中你完全辨不清你究竟在犬牙交错的街巷中，走进了哪一条小巷。这种复杂如蛛网的格局，将城市演化成变幻无穷的魔方，也让初来者体验到某种隐秘的兴奋感。

巴登街的楼房与楼房是紧挨着的，站在下面向上望去，到处都是"一线天"，最早关于"握手楼""亲嘴楼"的称谓就发源于这里，因为外来者大都对如此之高的建筑密度感到不可思议。更不可思议的是，在本已狭窄的"握手楼"之间，居然还能挤出一栋"指缝楼"，这栋楼被命名为"埔尾康乐楼"，8层高的楼，却像一张薄薄的纸片从握手楼的指缝中漏下。

薄如纸片的"埔尾康乐楼"

"埔尾康乐楼"乃至任何一栋楼，地面一楼都无例外地成为各种饭店、商场、菜场的门面。

这里有最丰富的服务业，港式茶餐厅乃至各色大排档、小酒楼，是这里的主角，绵延不绝的流水席，让各路食客永不满足。酒足饭饱之后，舞厅、发廊、洗脚屋、卡拉OK厅便承接了夜场。

在巴登街，我才懂得什么是"港式理发"，从小到大的理发都很简单，坐在理发椅子上先把头发剪短成形，然后坐在水龙头前把头发碎屑冲洗干净，即大功告成。但这里的港式理发，不叫理发，而叫"洗头"，当时一个朋友说要请我洗头，便带我走进一家发廊，一个洗头妹便会迎上，她让你坐直靠在椅背上，然后把各种洗发液、清水朝你头上招呼，手指在头上一寸一寸地按摩，这个过程让人昏昏欲睡，很多人会趁机打个盹。洗完头，剪完发，你顿觉一天的疲劳灰飞烟灭。如今这样的理发方式在全国各地的城市乡村都早已普及，但在当年简直就是超级享受。在一段时间里，朋友或者生意伙伴间"请你洗头"是拉近感情的重要手段。

巴登街的上午基本是沉睡着的，中午开始醒来，下午开始躁动，各种服务行业开始准备工作，傍晚开始活泛，到了夜晚才真正灵动起来，万家灯火组成的光带和各种音乐组成的声波，刺激着人的眼睛和耳朵，当然还会飘荡来刺激味蕾的饮食和水果的香气。在某些幽暗的小巷内，也有三三两两浓妆艳抹的站街女，她们抓住一切机会朝来来去去的男人们抛着媚眼，空气中弥漫着些许荷尔蒙的气息。

巴登街就这样日复一日地活色生香地存在着。

直到有一天，一切戛然而止。

1998年，随着中信城市广场的兴建，埔尾旧村被全部拆除重建，巴

夕阳余晖中的巴登街社区

巴登街的小食店

登街虽然还在，但已经度过当年的"青春期"了。

其实，巴登村非但不年轻，还很古老。据传，该村始建于元朝末年，因南头城郑氏之祖见此处山明水秀、田地肥沃，遂带领族人从南头移居至此而形成，至今已有 800 多年历史。

我曾问过很多本地原住民中的老人，村名为什么叫"巴登"，但没有一个人能说清楚。这个在我看来还有些洋气的名字，让我想起德国的巴登小镇。当然，我知道除了发音上的近似以外，二者毫无关系。查地方志，发现"巴登"曾经在明、清、民国的不同时期，先后或同时拥有"巴墩""巴丁"的不同称谓，所以虽不能确切解释，但唯一能确定的是"巴登"为粤语发音，在与汉字的转换中出现了不同的注音，又因为过去缺乏严谨的地名观念，所以常常会错用、混用。在巴登街周边的路牌上现在仍能看到"巴登"与"巴丁"在混用着。

巴登街虽然早已物非人更非，但巴登街的传说却依然在流传。

中英街：特区中的特区

这是一条又短又窄的街，只有250米长，3—4米宽，有人戏称"一泡尿没撒完，就走完了"。

但它应该称得上中国最著名的街道之一。

因为街心立了一块方石，不是普通的石头，它是一块界石。

界石立于清光绪二十五年（1899年）2月。

上一年的6月9日，虚弱不堪的清政府在英国坚船利炮的逼迫下，签订了中英《展拓香港界址专条》(The Convention for the Extension of HongKong Territory)，英方强行租借界限街以北、深圳河以南的九龙半岛北部土地及附近230多个岛屿，这些地方统称"新界"，租期99年。

从此，中英街将原本相连的国土断然分开。这条小街便与德国的柏林墙、朝鲜的三八线、越南的贤良桥，一起成为20世纪最著名的4条民族与国家的分裂线，它像一道深深的伤痕，勒在国土的躯体上。

中英街的属地在盐田区沙头角，沙头角的名字粗听起来好像很土，其实是"日出沙头，月悬海角"的意思，明清时即为新安八景之一。因为有了中英街，沙头角便也跟着醒目起来。

中英街本名叫"鸬鹚径"（也有写作"鹭鹚径"），由此名可以想见当年这里一定是条美丽的水洲。事实果然如此，鸬鹚径系由梧桐山流向大鹏湾的水流裹挟着泥土淤积而成，换句话说，这其实就是一条干涸的河床。鸬鹚是一种沿海大型水禽，与鱼鹰相近，鸬鹚径这条干涸的河床，自然与水、与鱼、与鸟有久远的联系。

中英街的1号界碑

清道光年间，深圳四大名墟之一"东和墟"便在鸬鹚径附近，每个月农历的初一、初四、初七为墟日，大鹏、盐田、新界、九龙一带的百姓纷纷过来赶场，可以想见此地曾经繁盛一时。直到鸦片战争，乱世中生命堪虞，何谈墟市交易，东和墟毫无意外地衰落了。

按照中英《展拓香港界址专条》的约定，中英双方分别任命各自的勘界委员，广东补用道王存善为中方委员，骆克为英方委员。1899年3月16日，王存善与骆克率人沿着深圳河行到沙头角勘定界限，沿线竖立木质界桩。18日，新界北部陆界勘界结束。1905年，英方于新界北界竖立界石，就是今天万众瞩目的界碑。在"中英街"上，这样的界石有20块，像扎在深港脊梁上的一根根刺。

"中英街"以街心的界石为限，深港双方各在街两边做自己的生意，店铺门对门，几米之遥，经常可以隔街聊天。据记载，平素双方人员可以自由走动，但凡中英关系紧张时，两边均不能越雷池一步。中英双方警察相向而立，颇有些对峙的味道。从当下的朝韩板门店可窥一斑。

1899年，设界当年，即通电报；

1900年，通电话；

1912年，粉岭到沙头角铁路支线建成；

1927年，沙头角公路通车，沙头角与新界、九龙的交通更为便捷；

1933年，通电灯。

在不断地"触摸"现代文明过程中，中英街两边一直在发生变化。

九龙海关洋关分厂也建在附近，海关是座单层的欧式建筑。

1905年前后，有人在4号界碑旁边西侧，盖起了房屋，挂上了"同裕木厂"的招牌，做起了木材生意。此后，历年均有房屋盖起，逐渐鳞次栉比。东泰源杂货店、东和隆米店和济生堂药店相继开张。有些商铺利用地理优势开始经营洋货，惠新隆就专营各种洋布，新界新楼街的逸生昌专营"火水"（煤油），永乐园茶楼设有经营中西食品和饮料的茶餐厅，街边还出现了梁心牙医和新时代理发店等一批旧时代的时尚门市。

后来，乡绅、士人们合作在文武庙里办起了东和学校。根据相关记载，1923年时，东和学校至少有五位教师。教授英语和生理的陈谨章是美国回来的留学生，教授新知的陈重浪是广州学校的毕业生，加上教授语文和音乐的刘焕光，三人都属于本土"十约"的知识分子。学校还聘请了两名外地教师，包括香港元朗的李渭流和韶关的胡范伍。

沿着中英街3号界碑到7号界碑，街两边基本上都建起了建筑物，酒楼、商店、客栈逐渐增多，中英街又一次繁荣起来。

直到1941年，日本侵华，占据了中英街，年底又经此攻占香港，港英当局无力抵抗，遂举白旗投降。

日本人侵占中英街后，将街名改为"中兴街"。直到日本投降，中英街又恢复原名。

新中国成立后，中英关系一直不温不火，此后中英街便也籍籍无名地蛰居于一隅。

还是拜改革开放所赐，深圳建立经济特区，沙头角的中英街重新苏醒过来，这一醒便一发而不可收。本来进深圳经济特区需要办一张"边防证"，而要进中英街还需再办一张"边境特别通行证"，所以中英街被称为"特区中的特区"。

从1983年起，中英街有限制地向内地游客开放，游客因而逐渐增多，但当时不允许国内游客到港方一侧的商店购物，几步之遥也许是最难以企及的距离。

此后随着访客呈井喷状涌入，加上观念在不断更新，从1985年开始，不再限制游客到英界的香港商店购物，游客进入中英街也更容易，你想象一下，一条250米长、三四米宽的小街，最多时一天涌入10万人，这是一种什么样的场景？估计想想就会头晕。此时用摩肩接踵来形容，已经不堪其用了。此种盛况在20世纪90年代中期达到高峰。

我也曾亲历过在中英街人缝中穿行的盛况。

当时人们以购买服装、电子表、进口录音机、数码照相机、摄像机等产品为主，女士的连裤袜和香皂成为绝对的畅销品，我曾看见一位男士，手上提着、肩上挎着、头上顶着一大堆的女人袜子在人群中左支右绌，十分抢镜。

也有来自全国各地的游客，大肆购买黄金首饰，当时中英街的金铺是名声在外的，因为金价便宜，加工精良，所以每家金店几乎都被挤破。此外，日用百货也是应有尽有，沙头角进出口公司与日本八佰伴联营，在中英街合作开办了新佰伴商场，一时间顾客如过江之鲫。后来日本的八佰伴倒闭，中英街的新佰伴还支撑了几年。

此时的中英街成了名副其实的购物天堂，去不了香港的国人，在这里一样可以买到各种港货和洋货，而且还是免关税的，这里成了事实上的保税区，而且专门对个人，所以那时候为了获得一张进沙头角中英街的"边防特别通行证"，人们使出浑身解数，并由此形成了一个庞大的产业。花

中英街路牌（左上）、港方珠宝店（右上）、深港商场（下）

上百元买那一张纸，许多人都认为值。

进入新世纪之后，深圳自身发展太快了，港货洋货也不用削尖脑袋去沙头角买了，因此，中英街的黄金时期逐渐结束了，一度人们似乎再次遗忘了这个角落。

近些年沙头角又开始重整旗鼓，对中英街进行了规划和升级，游客又一次掀起了入街的热情，当然这回不完全是为了购物，而且也不用去花钱买那张通行证，只需要网上预约，带上身份证，就可以免费进去潇洒走一回。今天的人进去往往是冲着到"中英街博物馆"看一看，去两边的商铺逛一逛，摸一摸粗粝的方方的界石，逢年节还可以欣赏到已列入省级文化遗产名录的"沙头角鱼灯舞"。

街的尽头有棵超过百年的老榕树，有意思的是，树干斜斜地生长着，根须在深圳，枝叶开在香港。人少的时候，在树下坐一坐，和这棵经历

20世纪50年代英警与华警对峙（左）、对峙定格于墙面（右）

了百年沧桑的老榕树互相打量，微风吹过树叶的飒飒声，仿佛是一个世纪前的回声。

毫不夸张地说，在中英街走一圈，等于上了一堂近代史的课，如果你能碰上博物馆的老馆长孙霄，还可以听到更多的小街故事。

曾经双方警察剑拔弩张的对视，已经成为紫铜浮雕定格在墙面。

中英街不再繁荣，也许是正常的，它在历史的血雨腥风中沉浮太久了。此刻，它需要安静。

我的东门，我的老街

来了，就是深圳人；深圳人，就要去东门老街。

如今出去旅游不敢逛古镇、老街，原因极简单，所有的古镇都整成了一个样儿，都是一张网红脸。

深圳的东门老街与其他的古镇、老街两样，它既老又"潮"。

说它老，是已经有300多岁了。明朝即已存在，延至清康熙年间，新安县的"深圳墟"即已声名远播，周边的南塘村、黄贝岭村、向西村、湖贝村、罗湖村等几个村的村民农历每月初二、初五、初八必会"趁墟"，这且不算，连新界一带的香港居民也会蜂拥而至。

说它"潮"，是因为建立特区以后，东门老街经过改造，成为深圳最早的商业中心，长期引领着深圳的消费潮流，是外地到深圳旅游的游客必逛之地，就像到北京不到王府井不算到过北京、到上海不去南京路不算到过上海一样，大家都觉得"不到东门老街，就不算到过深圳"。东门老街日均客流量50万人次左右，节假日更有多达百万人次，年营业额80多亿元。

东门步行街起点

如今东门已经无门，这和中国的其他城市一样，用几十年时间拆除了城墙、城门，只空留下一个"东门"的地名，在凭吊着消失的景观。

所幸老街还在。

东门老街便成为从明清直垂下来的历史天梯，让今天的人还可以用脚步和远去的时空做一次重叠，意会一下不同时代的繁华。

东门老街的核心在中心的广场，广场的焦点在那幅铸铜浮雕壁画《老东门墟市图》。在这幅长20米、高2.5米的铜雕上仿佛还能听到当年的市井噪声。在这幅壁画上，东门老街的故事从渔村入手，涉及鱼行、布行、金行和百货小吃等21个行业的11条纵横交错的商业街生动再现，墟市中的126个人物栩栩如生。

据画家潘喜良回忆，2000年他创作了这幅壁画，当制作完毕安装上墙期间，他发现每天都有一位耄耋老人早早来到安装现场观看壁画。一日，他问潘喜良："这画是从什么地方挖出来的？"当得知壁画是现在创作的，老人大吃一惊，充满怀疑地问道："怎么和过去一模一样？你们怎么知道过去的事情？"原来画面中"多仁米铺"的情节勾起了老人对童年的回忆。他说，当时他只有12岁，常常跟着父亲去这家米铺买米。

潘喜良是深圳大学艺术学院教授，曾师从中央美院贺友直先生，专攻连环画。这幅巨型壁画，是他在自己仅仅30平方米的家中画出来的，当时正值盛夏，亦无空调，他每画20分钟就要去冲个凉。艰苦创作终获回报，这幅壁画获得了中国首届壁画大展佳作奖，更有人把《老东门墟市图》比作深圳的《清明上河图》。

从空中俯瞰，东门老街的解放路和人民路交界的地方是一个大"十"字，被老深圳称为十字街。当深圳还是新安城的时候，郊外的农民打赤脚挑着咸菜咸鱼、鸡鸭鹅蛋、青菜萝卜从十里八里外聚集到此叫卖。时光飞逝，今天的十字街上高楼迭起，取而代之的是各种新潮时尚的店铺和大超市，而十字街还是一横一竖那个十字。

大型铜铸浮雕《老东门墟市图》

大陆第一家麦当劳在东门老街开业

在十字街的那两画里，许多国际商业品牌都纷纷抢滩。

今天的麦当劳已经遍布中国，而当年大陆的第一家麦当劳餐厅便开在这里。

那是1990年10月8日上午，那个红黄相间的麦当劳叔叔就端坐在光华楼西华宫的顶上，咧着大嘴笑容可掬地俯瞰着路边的人山人海，队伍从一楼排到二楼，又绕着整个光华楼转了一圈。餐厅第一批员工仅有400多人，实在忙不过来，公司不得不从香港临时调来500名员工相助，每人每天要忙10个小时，还不能满足顾客的要求。那时吃麦当劳还属于时尚消费，深圳男女老幼去麦当劳都像下高级馆子一样。当时流行的汉堡吃法则是先小心刮掉那层芝士，而后吃掉牛肉饼，再吃掉生菜，最后就着可乐吃完上下两片面包。

麦当劳旋风此后刮遍了全中国，几乎所有的小县城都能见到它的身影。吃麦当劳不仅仅是用汉堡包、薯条、可乐充饥解渴，其实蕴藏着当时的人们对与全球生活方式接轨的向往，新新人类都是经过麦当劳的"速成班"成长起来的，很多年以后，他们才移师到"星巴克"。

这家洋快餐，与历史颇为悠久的"新安酒家"遥遥相对，"老"与"潮"在十字街上泾渭分明，碰撞出中西餐厅对视的火花。

而在这中西两家餐饮店的旁边，"深圳戏院"隐藏在老街街口的大厦里，看来并不起眼。它始建于20世纪50年代末，是当时岭南一带最豪华的戏院，拥有一架德国原装"依巴赫"三角钢琴，据说当时广东全省仅有两台，这架钢琴经历过水灾、搬迁等磨难，一度消失，后被收藏在深圳博物馆。这里时常有东方歌舞团、中国京剧团等国家级剧团的演出。对岸的香港人喜欢来这里看粤剧，看马师曾、红线女，他们坐着火车到罗湖站，步行10分钟就到了戏院。往事如烟，50多年过去了，戏院外貌不断在变，不变的是戏院门口不息的人流。

我刚到深圳的时候，去逛东门老街，最爱到当时还在解放路上的古籍书店，那里居然有比北京、上海毫不逊色的线装书，更让人惊喜的是这里还有不少港台版繁体字书，这一点又为内地所不能及也。不过书价也是不敢看的，有的书一本近200元，相当于当时内地一个月的工资。至于线装书，上千乃至几千大元就更多了。记得在这里只零星买过两三本书，还是咬着牙的。买不起书，便站在书店看，有时找个角落席地而坐，大有席卷天下之感。好在，那时喜欢看书的人多，书店亦和时装店一样人潮如涌，所以也不感到孤单。老板也极好，书店虽然既小又挤，却也从未撵过人，连白眼也没见过。只是有次去看书，看着看着钱包看丢了。转念一想，就当作买了一本高价书，心里立时平静了。

20世纪90年代初开始流行唱卡拉OK，老街遍布卡拉OK厅。一个下雨天，我和朋友到东门一家西餐厅吃完饭，顺便在西餐厅唱歌，夜半尽兴后起身准备回家，才发现外面已经"水浸街"，无法及时排放的雨水已经淹到二楼的楼梯口。只得退回楼上，结果唱了一夜歌，下了一夜雨，天亮时分，嗓子唱哑了的几个人望"洋"兴叹，花了几十元钱雇了一个"澡盆船"才得以脱险。

思月书院在闹市中沉思

那几年，每当暴雨倾泻，"水浸街"的戏码就在东门一带上演，催生了昙花一现的水淹老街之后用大澡盆来当渡船的行业。船家一边划船（实际是划盆），一边还唱起广东民谣《落雨大》：

　　落雨大，水浸街，
　　阿哥担柴上街卖，
　　阿嫂出街着花鞋。
　　花鞋、花袜、花腰带，
　　珍珠蝴蝶两边排。

读书人信奉"书中自有黄金屋"，生意人信奉"水为财"。不知道是不是因为经常被水淹的原因，在东门老街做生意，确实比较容易赚到"盆满钵满"。

老街里有一个与喧闹格格不入的雅静之所，就是思月书院。这个书院始建于清康熙年间，原为名门望族张姓宗祠，张氏明朝即已在深圳开枝散叶，兄弟四人依序排列为：思月、爱月、怀月、念月，分别是向西村、湖贝村、水贝村、田贝村的始祖。思月书院为典型的青砖黛瓦、垂脊彩塑的广府明清建筑风格，内里雕梁画栋、典雅大方，实为启蒙育人的绝佳之所。在东门的一片欢腾中，思月书院冷冷地在一旁独自沉思。

后来老街经过不断的改造，终于变成一片崭新的街道，再也没有"水浸街"之后，我就去得少了，我的周边老深圳们也去得少了。因为总觉得这个老街确实新得有点不像话，变得愈发陌生了，大家还是怀念那个旧石板铺路的老街，人们在两边的旧商铺往返穿梭，那条你挤我、我挤你的老街翻篇了。

"亲嘴楼"的情色想象

在深圳停留过或者在深圳扎下根来的人，大多经历过的两件事情，一件是租房，一件是搬家。

因此有人说，若是没有搬过五次家的，就算不上真正的深圳人。

而在租房的人里，大多在深圳的城中村住过，或许到过深圳而没有住过城中村的，也算不上真正的深圳人吧。

深圳演绎了一个丑小鸭的故事，从一个边陲小镇在短短40年内迅速地变身成一个大城市，它的城中村便和国内其他城市的城中村不一样，不同在于老村、新村互相缠绕，难分彼此。

老村的房子低矮，多是平房或二三层的祖屋小楼，房子与房子之间尚有一定的距离。而新村的房子多是改革开放后村民有了钱大肆兴建起来的，多是六七层的楼房，因为地皮值钱，所以楼与楼之间紧密相连，距离近到站在这栋楼便能和那栋楼上的人握手，因此也被大家戏称为"握手楼"。后来因为房价疯涨，于是楼越盖越高、越盖越近，握手已经不满足了，近到了可以亲嘴，因此"握手楼"就升级成了"亲嘴楼"。

当然,"亲嘴楼"只是个说法,在两栋楼之间真的接吻大约只能存在于电影里,但握手却是真切的。我听一位住过"亲嘴楼"的朋友说过,他们家常常在炒菜时缺葱少蒜又懒得下楼去买的时候,喊一嗓子对面楼的邻居,对方一伸手,姜葱就轻松地递过来了。

如果把城中村称为"都市里的村庄","亲嘴楼"也不失为一种都市现实主义的浪漫,虽然有那么一丝酸楚。

这种浪漫通常体现在生活中的烟火气上。

首先是"亲嘴楼"都有一个强大的微利市场的存在,它们在价廉物美的前提下,最大限度地满足了高消费城市的基本人群的生存,而且让他们不失尊严地生存。当你在城中村里穿梭时,那些地摊上琳琅满目的百货让你的钱包不再显得过于羞涩。

现代"吃货"们都知道,到一个城市要吃地道的美食,一般不能去高档的大酒楼,而要去街边的大排档。同样都是"大",但口感和价格乃天壤之别。

在深圳,要找好吃的大排档,就必须走进城中村,在那些"亲嘴

"亲嘴楼"间的"一线天"

湖贝路的大排档

楼""握手楼"的缝隙里，美味正在等着你。老深圳人大都知道亦喜欢去的打卡地，湖贝村的海鲜食街应该算是其中一个，内地的亲戚朋友来了，我多数会带他们到那里去吃，除了去吃城中村大排档的香味，也是去吃一种经年累积的回忆。

说到吃，我因为常年熬夜写作，早餐是基本不吃的。在深圳生活近30年，对于常令外地人惊叹的粤式早茶也不感兴趣。但有个例外，作为早餐能引起我的兴趣并且屡吃不厌的是广式肠粉。听肠粉的名字，很容易让人误解为猪大肠之类的内脏，其实肠粉基本算是素食，就是用米粉做成的粉皮包裹着油条、豆芽、韭黄、青菜，当然也有肉末，但不太荤。

吃肠粉更不能在大酒楼吃，夹杂在各种早点之间的肠粉似乎做得过于精细，吃起来反而没有味道。在城中村的小餐馆里略好些。

真想吃到口感正宗的，必须在街边小摊子上，我为此偶尔早起过。坐在路边的小摊子上，看着厨师在一格格铝合金的小抽屉里蒸米粉，下面是熊熊燃烧的炉火，师傅拉出蒸熟的米皮，熟练地包裹上一根油条和其他蔬菜，最可期待的是最后浇下去的那几勺子酱卤，卷起、盛好、端上，一气呵成，自己再在本身就很浓郁的酱料之上拌上辣椒酱，一边吃得满头大汗,一边看着那些拎着包、拎着早餐盒从"亲嘴楼"里涌出来匆匆忙忙地赶着去上班的年轻人,一边闻着巷子里不同的小餐馆飘出的不同的香味,袅袅交杂在一起,才能真正感受到鲜活的热腾腾的生活。

深圳最著名的最大型的两个"亲嘴楼""握手楼"的集中地,一个是梅林关外的民乐村,一个是华侨城旁的白石洲村。

不同的是,一个在城外最拥堵的关口旁边,一个在城内最火爆的景区旁边;相同的是,这两个城中村的房租相对周边那些漂亮的高层公寓都要低得多。因此,和所有的城中村一样,这两个城中村里住的大多是收入相对较低的白领们。如今房租涨到让人不认识,便有人开玩笑地说,白领们的工资除去日常的开销之外简直就是"白领"了,哪里还顾得上去

高楼大厦包围中的城中村

"亲嘴"。

几年前,深圳话剧人杨隽夫写了出话剧《白石洲》,"亲嘴楼"被搬到了舞台上。这是一个租客与房东之间的故事,忧伤而压抑,90分钟让观众咀嚼如梦境一般的过去,似地狱一般的现实;用魔幻的手法揭示冰冷的现实,看后让人唏嘘。

现在,白石洲已经拆了,民乐村也面临拆除,但曾经的生活和曾经有过的梦想是拆除不了的。

用不了多久,"亲嘴楼""握手楼"乃至"城中村"都会消失,蜕变成为一个历史名词,或许会作为城市的历史被保留下有限的一点点,成为历史的废墟,记录一段其实与风月、情色无关的故事。

深圳传

The biography of ShenZhen

风俗志 第九章

深圳人吃东西有几样讲究。

吃乳鸽要去光明，吃海鲜要去大鹏，吃生蚝要去沙井，吃狗肉要去观澜。如今，除了狗肉已经禁食，其他几样美食却还是要去拜那几处吃货圣地的。

大文豪苏东坡之所以在一生坎坷中得以幸存，有赖于谪贬南国后，发现了太多美食，远胜过朝廷上的那些烦心事，所以也就不那么伤感了。

恭喜发财，利是逗来

每每年关将近的时候，广东的孩子们嘴里就开始念叨一句："恭喜发财，利是逗来。"尤其是那些刚学会说祝福语的幼童，哪怕在平日里开口一说，常会导致大人条件反射地伸手去摸揣在兜里的钱包，有掏红包出来发"利是"的冲动。

在江南老家过年，小时候一到年三十父母就会给自己"压岁钱"，一般就是一毛两毛，钱多钱少没概念，但钞票是新的，心里窃喜，晚上睡觉把红包放在枕头下，一觉醒来常常不翼而飞，向大人询之，回答是放在小孩手里怕丢了，爸妈代为保管了。后来也就不了了之。

自己做父亲后亦开始年年春节给孩子压岁钱，不过压岁钱都由孩子自己买零食

广式红包"利是封"

吃，支配权归他。本爹概不保管。

刚到深圳时，第一次过年，报社的领导和年长的同事竟然也封了红包给我派"利是"，把我吓了一大跳，拿着红包像个孩子一样不知所措。后来才知道，在广东，除了父母给自己以及亲戚朋友家的孩子"派利是"之外，已婚人士也必须要给未婚人士"派利是"，哪怕已婚人士只有30岁，对方是20岁未曾嫁娶的，都有资格享受已婚人士"派利是"的待遇。

于是我便在心里窃喜了一下，大抵同事们见我长相年轻，便把我列入未婚人士的行列里给我派利是了。而领导的"利是"，则是新年伊始的开工"利是"了。

"利是"都会拿，但"利是"两个字究竟怎么写，却大有争议。有写"利是"，有写"利市"，还有写"利事"。

其实《易经》中早有记载，"利是"最早被称为"利市"，取商家"本少利多"的意思。而据《易杂注》中记录，最初是生意人向别人"派利是"，是希望"营商利市，营达利事"，取其有利于做任何事情的意思。由于"是"与"事"古代本就相通，"是"既有"正确"的意思，又是一个无所不在的指示代词，如是这般，"利事"便慢慢地写成了"利是"，尤其广东一带，"利是"成为正宗写法，"利市"太俗气，"利事"太功利，"利是"便名正言顺地走到前台。

既有"派利是"，便有"逗利是"，这一"派"一"逗"，是利是文化的妙处所在。新年期间孩子们见了大人便蹦着跳着高喊"恭喜发财，利是逗来"，说完便伸出小手，大人无法拒绝，哪怕你并不认识这个孩子，也得"派利是"。年后开工第一天，员工们见老板的第一句话必是："恭喜发财"，老板的回答也早准备着："利是逗来"，然后便笑眯眯地从口袋里掏出红包，递给员工，二者皆大欢喜。有不少内地人会把后半句顺口说成"利是到来"，相当不准确，你不逗，利是不会自动到来的。

腾讯老板马化腾派发"利是"（左）、001号笑逐颜开（右）

　　元代《俗谚考》早考证出来，"利是"是"为了吉兆，要向主家讨个利市"，主家亦因此利市有好运，因此，被"逗利是"的无不开开心心地掏出红包给大家"派利是"。从大年三十派到正月十五，"逗"利是的不亦乐乎，"派"利是的也不亦乐乎，年便在不亦乐乎中乐乎乎地过了。

　　中国汉字通假，在好意头上尤其随和，于是"利是""利市""利事"，只要是有"利"可图，便随意地通用了。

　　利是既有"利"，便也不在于金额的多少。

　　在广东人看来，"利是"不过就是一张红纸，取其意头，图个吉利，因此无论是普通百姓，或是亿万富豪，派的"利是"大多是每封10元、20元，多则50元，随着生活水平的提高，物价逐渐上涨，普通"利是"也便上涨到100元至200元不等。若是超过这些数目，大抵就不是普通的"逗"利是了，有点炫富的意思，反倒变味了。

　　深圳的企业无论大小，年后开工必发"利是"，几乎形成了竞赛，每年春节后上班第一天，员工们都到得特别整齐，几乎无缺勤，老板与员工都心照不宣，皆为利来利往。上班第一周，朋友见面也会问起各自公司发了多大的红包，比较之下，有人傲娇，有人失落。

　　在所有的红包大战中，深圳最著名的"利是"，当属腾讯网络公司的开工"利是"了。

广东醒狮表演

  腾讯的开工"利是",诱人处不仅在于红包里的真金白银,最诱人的是由老板马化腾亲自一一发放,不少员工入职不满一年,与老板缘悭一面,趁此机会一睹真容,机会难得。有人开玩笑,像过去的后宫妃子等待临幸一样。

  大年初八,员工们齐聚腾讯滨海大厦总部大堂,排队领新年的开工"利是",现场可谓盛况空前,架势堪比春运,有一年队伍围着企鹅大厦好几圈。媒体记者嗅觉灵敏,纷纷赶来抢新闻,后来年年如此,新闻终成旧闻,长枪短炮也就不来了。有一年,据说有员工从初七的晚上8点便来排队,苦等5小时,在初八凌晨3点领到001号牌,文静的小姑娘兴奋异常,像中了头彩。

  据腾讯公司介绍,开工红包的传统已经延续了20年。

  一件小事能坚持20年,顶尖的企业确有过人之处。

  后来微信从App应用江湖一骑绝尘,迅速霸屏手机,很大程度上就得益于他们的微信红包创意。马老板把广东人的红包文化发挥到了极致。

  当然其他公司也不甘落后,只是老板是否亲发不同、厚薄不同而已。

不要小看红包里的区区几十元、几百元，如果少了这个，对来年公司的运营大有影响。

很多城中村里，在派发"利是"的同时会有隆重的舞狮表演。

岭南地区在新春期间流行醒狮表演，尤其是在正月初六、初八这些吉利的日子里开工的店铺、公司，会请来醒狮队进行舞狮仪式迎接新春。醒狮舞动，热闹非凡，"醒狮"从睡梦中被舞狮人逗醒，然后欢腾跳跃，通过眼花缭乱的套路表演，猎取悬挂于高处或置于盆中的"利是"，因"利是"往往伴以生菜，故名"采青"。采青是醒狮表演的最高潮，一般包括操青、惊青、食青、吐青等套路。当彩礼用竹竿挑起高悬时，舞狮人会搭人梯登高采摘，人梯搭得越高，则技艺越高，挂"青"者越高越多也就越吉利。

"利是"的高潮很快会过去，正应了老古话：过了三天年，还是原还原。

这盆菜吃了700年

1992年年底,我初到深圳,有朋友请我到下沙村里去吃大盆菜。

未入村,心里便生了一丝好奇,都说广东人食物量少、精致,为何独独来了一个大盆菜?

到了村里才知道,不仅仅是大盆菜"大":每张桌子上仅摆了一只巨大的盆子,里面满满当当地盛着各式各样的香气四溢的菜;吃大盆菜的阵仗也"大":村祠堂前的小广场上,红红火火地摆了几十桌,几百个村民欢聚一堂,庆祝村里某太公的百岁寿诞。

一顿盆菜吃下来,虽只十几样品种,却是齿颊留香,感觉味道足以媲美满汉全席。

事后关注起大盆菜的来历,发现说法众多,流传最广的有两种。

一说是南宋末年,宋少帝为逃离元兵追赶,落难到如今的香港元朗,正当随从四处张罗食物之际,村民得悉皇帝落难,为表心意,纷纷将家中最珍贵的食物贡献出来,仓促之间只能以木盆充作器皿,盛载佳肴,因此大盆菜如今也被称作"皇帝菜"。

另一说同样源于南宋，文天祥兵败被元军追杀，凄风苦雨中过零丁洋，狼狈逃至新安县的滩头，因登陆滩头时天色已晚，部队只有随身携带的米糕，无菜就餐。船家们同情忠臣义士，用自己储备准备过年吃的猪肉、萝卜，加上现捕的鱼虾做成菜肴犒劳将士，船上没有那么多碗碟，只好将就些，拿木盆一齐盛出来，并且把最好的菜放在上面。

这两种传说都带着浓重的悲情。不管哪个是真，大盆菜起源于南宋末年，应该是无须质疑的，屈指算来迄今已有700多年历史了。

如今大盆菜成了深圳和香港的原住民的重要民俗，于岁时祭祀、大时大节乃至婚嫁庆典等礼仪时作为招待客人的佳肴。今天的人们吃大盆菜时，更多的是欢乐、喜庆和热闹，时间已经洗去了伤感的往事。

若论当下大盆菜做工、配料、烹饪方式保存最完好的，首推深圳下沙村。从20世纪90年代开始，聚族吃盆菜就成了村民们庆祝元宵节的特殊形式，1995年曾经以650席轰动一时，岂料没过几年，就发展到2000年的2500席，最多的一次在下沙村吃大盆菜的有两万多人。下沙村于2002年创下大盆菜3800席的吉尼斯世界纪录，下沙村居民、港澳同胞、海外侨胞纷纷聚集到下沙村大快朵颐，获得吉尼斯有关人员当场颁发的"最大规模民间宴会——大盆菜宴"证书，如今"下沙大盆菜"已入选广东省非物质文化遗产。

我算不得一个"吃货"，但我对大盆菜的做工以及配料亦是充满了好奇，做记者时曾经采访过做大盆菜的老厨师，得知大盆菜其实并没有严格的食材用料规

下沙村的万人盆菜宴

层层叠叠的大盆菜

范。想来也是如此，不管当年是宋少帝还是文天祥，都是落难而来，吃的是各家各户贡献出来的"大杂烩"，在弹尽粮绝时，有点吃的就已经心满意足了，当然不会有特定的用料。加上客家人的支系众多，各有发展，所以大盆菜也是千姿百态的。

老厨师告诉我，大盆菜的食材是一层层叠进大盆之中的，最易吸收肉汁的蔬菜和豆制品等通常放在下面，鸡鸭鱼肉海鲜都放在上面，这样上面产油，下面吸油，一层一层吃下去，汁液交融，味道馥郁而香浓。

我的老家在徽州，大盆菜让我想起徽州的"一品锅"，同样是大杂烩，二者却完全不同。相较而言，"一品锅"到底是江南菜，很有点儒生的秀气，而"大盆菜"却要粗放得多，颇像个壮士，并且更具乡土气息。

大盆菜看起来简单粗放，其实烹饪方法十分考究，分别要经过煎、炸、烧、煮、焖、卤后，再层层装盆而成，内里更有乾坤，由猪、牛、鸡、鸭、鱼、虾、蚝等荤菜做主味，由腐竹、萝卜、香菇、生菜、苦瓜等十几种蔬菜与豆制品构成综合味觉。

作为大盆菜必需的食材——猪肉是从一大早就要开始炆的，村里做盆菜的猪肉被称为围头猪肉，要拣半肥半瘦的猪肉出水、上色、入味、风干后用柴火灶猛火出油，再慢火炆10多个小时以致入口即化，放置在大盆菜的最上端，除却猪肉本身的软滑甘香，底下的萝卜、猪皮、支竹、冬菇、鱿鱼、禽肉、鱼肉沾上香浓的肉汁，逐层吃下去，每层皆是绝味。就算我如今已吃素数年，回想起当年吃过的那些美味的大盆菜，双颊内还会不由自主地冒出两股馋涎，虽不致垂下，然也不敢多想。

需要特别交代的是，大盆菜的吃法也极其符合中国人传统的宗亲法度，一桌子食客只吃一盆菜，寓意团圆，祥瑞氤氲。大家手持筷子，在盆中不停地翻找，犹如寻宝，与通常餐桌上大家斯文的场景大相径庭，每桌都见竹筷、汤勺齐飞，那是一种别样的情趣盎然，而且越是在大盆深处的菜，味道越鲜美。

如今各大粤系酒楼里也随时可以吃到一些改良版乃至迷你版的"大盆菜"，传统的大木盆多已不见，悉数改用不锈钢盆，亦有餐厅采用砂锅的，可以随时加热，兼有火锅的特色。这些大盆菜看上去做工精细，其中鲍鱼、龙虾之类的配料也十分高端，但和围村里真正的大盆菜比起来，终究是差了一些味道。

凉茶非茶也

在深圳不能轻易与人说"饮茶"。

因为,"饮茶"者,有三种方式可选,也或可称为三种状态。

最正常的"饮",是到茶馆或者咖啡馆里去正式地喝茶。否则,就是到酒楼去"叹"点心,"饮早茶""饮下午茶""饮夜茶"。抑或是和生意伙伴找个地方坐下喝茶"讲数"。

总而言之,深圳人饮茶实际上就是打发时间,"叹茶"既不是对着茶杯唉声叹气,也不是一般意义上的喝茶解渴。粤语里的"叹"字是慢慢享受、细细品味的意思,"叹"是需要工夫的,自然不能与消暑解渴的牛饮相提并论。一个"叹"字尽得闲淡之妙。

一般意义上,深圳人的"饮茶",其实不仅是饮茶,甚至主要不是饮茶,而是吃点心、小吃,只是以茶为媒,显得优雅许多。深圳人叹茶,叹的是从容,叹的是随意,没有觥筹交错,没有推杯换盏,坐在一起,天南海北,自由自在,无拘无束。

深圳人受广府人影响,饮茶时的礼数确实较内地讲究得多,如在斟茶和饮茶的时候，都得互敬互让，颇有古风。最让初来者感兴趣的是，每当对方给自己斟茶，无论是多熟悉的老友，也都会食指、中指弯曲，两指轻叩桌面，表示谢意和敬意，即使是服务员倒茶，也概莫能外。这种茶礼早就成为岭南的一种习俗。

粤式早茶

在深圳，还有一样与茶有关的独特饮品为人称道：凉茶。

不过，"饮凉茶"和"饮茶"是两回事。

因为凉茶不是茶。

多年前，朋友曾经跟我讲过一件令他哭笑不得的事，说他有一次到一位广东同事家里去，同事的母亲得知他感冒了，很热情地倒了一杯凉茶给他喝，说是可以治感冒的。朋友便谢过同事的母亲，很高兴地仰脖就喝，"茶"一入口，差点悉数吐出喷到同事母亲的脸上，他后来形容说，那哪是茶，简直是比黄连还苦的水。自那以后，朋友记住了那种能治感冒的"凉茶"叫"二十四味"，是他同事从小喝到大的"感冒药"。

刚来深圳时，我出于好奇也试喝过一口二十四味凉茶，比那位朋友幸运一点，他被迫咽下苦水，我当场就原样吐出来了，饶是如此，嘴里也还是苦了好久。而多数的广东人，喝起不加糖的二十四味来如同喝白开水一样，连眉头都不皱一下。

在深圳的时日久了，便明白了，岭南地区湿热，是曾经被鄙称为"蛮夷戎狄"的"南蛮之地"，此处地湿水温，水质偏燥热，身体易聚火，所

凉茶与龟苓膏

以岭南人特别讲究食疗养生。为了避免将来形成湿热的体质，传统的广东人在月子里就开始给孩子用金银花泡水洗澡，并给孩子饮用煮得很淡的凉茶，所以，从小就"吃苦"长大的孩子，成年以后再喝二十四味根本就不在话下了。

岔开一句，我第一次吃苦瓜也是在深圳，也是心有余悸了好久，只是待久了，为抵御热毒被迫吃苦瓜，逐渐从习惯到喜爱，最后舌尖竟然苦尽甘来了。这与喝凉茶的经历如出一辙。

深圳街边的凉茶铺很多，有人总结道，凉茶和粤剧、粤语、粤菜一起，形成了岭南文化的一道独特的风景线。有到过深圳的外地人说：购物中心里是茶社的世界，街头巷尾是凉茶铺的江湖。里面叹的是品味，外面喝的是良药，各花入各眼。

凉茶铺里的凉茶如今也丰富了，除了二十四味中草药熬成的传统凉茶，还有五花茶、夏桑菊、茅根竹蔗水、金银花露、苦瓜干等凉茶新饮。当然，不同的凉茶铺出售的凉茶配方也不尽相同，亦不是每一个"热气""上火"之人都能喝一样的凉茶，传统的凉茶铺子会根据客人的症状、面色乃至胖瘦推荐饮用不同的凉茶。

除此之外，龟苓膏、酸梅汤虽然不是茶，但也是凉茶铺里的招牌饮品，它们和凉茶组成了梯队，共同为暑热中的人们发挥着清热解毒、生津止渴、祛火除湿的功效。

凉茶铺子里还有各种"送口凉果"，专供吃不得苦的饮者"送口"，大多是九制陈皮梅、话梅之类的果脯。就像我们小时候喝中药时，爹妈往往会给备上一大勺砂糖。

与凉茶看起来不"搭界"的还有一类异曲同工的"肉骨茶"，经常有人从新加坡带回这东西，其实此"肉骨茶"的起源亦在粤港、闽南地区，当年被"卖猪仔"到南洋做苦工时工人们以此为药。穷人生病看不起医生便极易客死他乡，二十四味凉茶煲水一喝，大多能茶到病除，由此在艰苦岁月保住一条生命。

现在日子好过了，拣二十四味里的几味与猪骨等食材煲汤喝，味道不苦，却也有强身健体的作用，因此便流传开来，成为一道享誉世界的风味佳肴：生熟地煲猪骨。

深圳人都明白，凉茶虽然不是茶，常喝身体不会差。

基围虾和基围人

有一个至今没有标准答案的问题：先有鸡还是先有蛋？

有一个与上一个问题相似的问题：先有基围人还是先有基围虾？

要答对这个问题也有点复杂。

虾的历史相当悠久，基围虾最初不叫基围虾。

人的历史也很悠久，而基围人最初也不是基围人。

虾是在广东近海的田地里生长的虾，它们喜欢在田地周围建成的堤围里猎食、繁殖，渔民便专门修建了"基围"来养殖这些虾。

基围人最初也不是基围人，他们大多是来自外地到宝安来讨生活的渔民，在一百多年前，陆陆续续地从附近的海丰、陆丰、广东、东莞、番禺、珠海、中

基围人

山、南海、惠阳等地迁到宝安，在宝安的海边上建了鱼水围，养殖鱼虾蟹，搭建窝棚住在海滩边，过着"无门闩"的日子，成了"基围人"，其中一部分人是随着季节迁徙作业，被称为"水流柴"。

令人垂涎的"基围虾"

深圳是著名的移民之城，已有统计的两千多万移民大多是来自陆上，由"水流柴"而上岸的"基围人"大抵不到两万人，大多分布在大鹏、南澳、新安、西乡、福永、沙井等沿海之地，市区内的大新、白石洲以及蛇口亦有一小部分。

我在吃素之前，热衷于食肉的时候爱吃基围虾，尤其是在海水干净处养殖的小麻虾，壳极薄，只简单地白灼，不用蘸酱，肉质嫩滑爽脆，入口清甜鲜美，半点腥味没有。就像基围人一样，守着自己的一亩三分地，没有过多的欲望，勤劳工作，热爱生活。

从前基围人因自然灾害的影响和海盗、恶霸的抢劫，日子过得很苦，后来生活稳定下来，勤劳依旧，日子越过越红火。不久前，宝安社区基围文化传承计划项目《点亮渔火》的演出，通过舞台剧的形式，再次重现了基围人的生活。

基围人也多继承了疍家文化，于是他们用自己的民谣唱出了生活的变化，30多年前他们唱"入门大围谷，出门两只辘，手上圆碌碌，衣车补衣服"，30多年后则变成了"家家新楼屋，出门四只辘，手拿大哥大，身上穿西服"。

基围人在深圳被历史的"车辘"推着前进，洗脚上岸，再也不用"水流柴"一般四处漂泊，也告别了骑着单车"两只辘"的年代，从此"出门四只辘"，成了移民城中幸福的一群。

我的一位忘年交陈先生是基围人的后代，祖籍在汕尾，他的先人于一百多年前在蛇口上岸，定居在蛇口渔二村，他算起来是"基三代"，自小便在蛇口出生长大，深圳早已成了他原生的故乡。

陈先生从南头中学毕业后去参军，转业回到深圳，便把自己满腔的热爱回报给了故乡深圳。他一路从基层干部勤恳工作至区委领导的位置，最后在市委领导的位置上退休，把自己一生最好的时光都奉献给了深圳。

像陈先生一样的"基围人"其实不少，他们早已走出了"基围"，海阔天空，都是深深扎根于这片热土的深圳人。

文豪也喜沙井蚝

深圳人吃东西有几样讲究。

吃乳鸽要去光明，吃海鲜要去大鹏，吃生蚝要去沙井，吃狗肉要去观澜。如今，除了狗肉已经禁食，其他几样美食却还是要去拜那几处吃货圣地的。

说到沙井蚝便不能不提苏东坡。

我一向自诩为文人，一心研究精神世界，算是自命清高，同时也自认为是俗人一个，好吃喝玩乐，也算得吃货一枚。文人中我最爱宋代文豪苏东坡，他的诗、他的文、他的字、他的画，他的狂傲、他的旷达、他的放浪、他的艳福，这些都让我推崇。但我最佩服的还不在此，我最佩服的是东坡先生对美食的高度热爱和无穷创造力。因此，国内多个文学论坛请我去讲一个古代文人，我说就讲苏东坡吧。讲过几次，反映甚好，而且最有共鸣的也在苏东坡的饮食那端。

苏东坡是个不折不扣的美食家，用当下流行的话来说，是个超级"吃货"。他不但吃得地道，还吃得优雅。他那首著名的《春江晓景》，前两句是写春天的佳句:"竹外桃花三两枝,春江水暖鸭先知。"让人陶醉在麻酥酥的春光里,后两句却直奔舌尖而去:"蒌蒿满地芦芽短,正是河豚欲上时。"他从春天的气息里嗅到了美食的味道,不但想好了美味的主菜河豚,连配菜蒌蒿、芦芽也想好了,我甚至觉得他老人家对鸭子也早打上了主意,甚至还是桃花鸭。反复阅读,发现这首诗从头到尾就是一首饮食诗。能把吃饭这件事,弄得如此高雅,舍东坡其谁?

张大千作《东坡居士像》

东坡既爱吃又会吃,他经常因为得罪皇帝和同僚而被贬,最惨的就是被贬到南蛮之地,先贬黄州,再贬惠州,终贬海南,到了天涯海角,贬无可贬。但他哪怕环境再糟,都能因地制宜创造美食,有荤则荤,无荤则素。在那段凄风苦雨的遭放逐的岁月里,各地的美食成为他最忠实的陪伴者和最有效的慰藉者。光打上他发明专利的美食就有"东坡肘子""东坡鱼""东坡肉"等一大堆,不过他没收过一分钱的专利费。

传说某年苏东坡又一次复官后,曾与黄庭坚调侃说:"我在牢里时,每天吃的是三白饭,照样很香甜,世间美味不过如此。"黄庭坚好奇地问什么叫三白饭,东坡答曰:"一撮盐,一碟生萝卜,一碗米饭,这就是'三白'。"此事说过苏轼也就忘了。一日接到黄庭坚请帖,邀老苏去他家吃皛(jiǎo)饭。苏轼欣然应约,并对夫人道:"黄庭坚乃当世学士,读书甚多,他这皛饭定是稀珍之物"。但等苏东坡到了黄家发现桌上只有盐、萝卜、米饭,这才恍然大悟,知道被黄庭坚戏弄了。又过了几日,黄庭坚也接到请帖,邀他去吃毳(cuì)饭。黄庭坚知道老苏要报复,但又好奇,想知道毻饭到底是什么，最终还是去了。老苏陪着黄庭坚从早到晚一顿海聊，始终不提吃饭，黄庭坚实在憋不住催问毻饭呢？老苏慢吞吞地回答道："盐也毛（没，音 mǎo，'没有'的意思），萝卜也毛，饭也毛，岂不是'毻'饭？其实你一直在享用着啊。"黄庭坚惊愕之后，两人同时大笑。不过玩笑归玩笑，老苏报复成功后，还是乐颠颠地端上了他研发的新菜。

苏东坡的饮食之旅在广东登峰造极，据他在诗文中记载，在被贬惠州期间曾到过宝安附近观看海市蜃楼，友人专程请他去吃沙井蚝，老苏是动手能力极强的吃货，不仅会做东坡肘子，亦把鲜蚝做得美味无比，一吃之下便迷上了沙井蚝，隔三岔五地请人买了去吃。

俗人无论吃了什么，吃了便是吃了，至多擦擦嘴称赞几句"好吃，好吃"。文豪则不然，吃了不单会回味、琢磨，还要写下来。宝安的沙井蚝文化博物馆至今还陈列着苏东坡当年吃蚝上瘾后一挥而就的《食蚝》：

"己卯冬至前二日，海蛮献蚝。剖之，得数升。肉与浆如与酒并煮，食之甚美，未始有也。又取其大者，炙熟，正尔啖嚼……"阅之让人垂涎。

最令人忍俊不禁的是，老苏此时黑色幽默起来，他专门写信给自己的小儿子苏过，叮嘱他千万不要让别的官员知道了，担心众大夫为品鲜蚝美味争着要求贬谪南来，"每戒过子慎勿说，恐北方君子闻之，争欲为东坡所为，求谪海南，分我此美也"。苏大学士苦中作乐的恶搞精神，非常人能及，绝对深藏人生大智慧。

大文豪作诗著文对生蚝大加赞美，几百年后的后人仍对此心驰神往，晚明官员也知道这段掌故，因之觉此有趣，亦写下其食蚝的趣闻以佐证：

"东坡在海南，食蚝而美，贻书叔党曰：'无令中朝士大夫知，恐争谋南徙，以分此味。使士大夫而乐南徙，则忌公者不令公此行矣。'或谓东坡此言，以贤君子望人。"

可见沙井蚝不但有千年美味的历史，更有诗情缭绕的文化气息。大

生蚝与珍珠

文豪苏轼竟不知不觉地成了它的推广者，这种浪漫"蚝"情，实在无出其右。

我曾到过沙井蚝养殖场参观，据养蚝人介绍，传统的养殖方法和野生蚝的生长无甚区别，从种蚝、捌蚝、搬蚝、撤蚝、屯蚝、扑蚝、捡蚝、钳蚝，到收获成熟的蚝，到蚝肉上桌，至少要历时两到三年，真应了那句"好食不怕晚"。

若是苏东坡能够活到现在，大抵他是不会拒绝做沙井蚝的代言人的。因为他作为食神，肯定也是知道蚝的美味来之不易。

当然，出产沙井蚝的沙井本身亦是有着千年历史的古镇，镇里有100多处极具文物价值的古建筑，它除了是粤剧之乡、足球之乡之外，是当之无愧的"蚝乡"。沙井镇自2004年开始举办"金蚝节"，沙井蚝的生产习俗稍逊于大盆菜，被列为深圳市级非物质文化遗产。

但蚝却是大盆菜的十几种食材中必不可少的一种。

此外，蚝作为主食材，还可以做出蒜蓉清蒸蚝、油炸蚝、姜葱炒蚝、粉丝煮蚝、蚝豉蒸腩肉、香煎蚝、什锦蚝等菜式。

而在岭南文化中，"蚝豉"与"好事"是谐音，因此，逢年过节，桌上有一道蚝豉，便能给人带来一份吉祥如意的好兆头。

如此看来，苏东坡喜欢吃蚝是有广泛群众基础的。

The
biography
of
ShenZhen

深圳 传

方言说 第十章

中国的方言多不胜数,但被所有讲不同方言的外地人一致称为"鸟语"的方言大抵只有粤语。有人误以为"鸟语"是对粤语的不敬,其实这个词只是表达了对粤语难懂的慨叹,并无蔑视之意。

不过深圳与其他城市比较,倒有个方言上的优势,因为这是国内方言最全的城市,移民社会造就的丰富种群,连同他们的方言、饮食以及所有的生活方式汇聚一起,将深圳锻造成一个事实上的方言博物馆。

粤语难于上青天

中国的方言多不胜数，但被所有讲不同方言的外地人一致称为"鸟语"的方言大抵只有粤语。有人误以为"鸟语"是对粤语的不敬，其实这个词只是表达了对粤语难懂的慨叹，并无蔑视之意。

对于大多数的内地人而言，初识粤语应该都是来自20世纪80年代初期刚开始传入内地的香港歌曲了。至今我仍旧感到纳闷的是，一些人明明对粤语听也听不懂、说也不会说，却能把一首首粤语歌唱得字正腔圆，进了卡拉OK厅，仿佛都是本地人，其实你把歌词稍快点念出来，他可能就一头雾水了，可想而知他们在那几首歌的发音上是下了多大的功夫。这种"鹦鹉学舌"的本领，倒也符合"鸟语"之谓。

其实粤语本身就分三大类：白话、客家话、潮州话。通常人们口称的粤语是指广府话，也就是"白话"。

相对于早期到广州和香港不懂粤语寸步难行，深圳的语言环境就宽松多了，大部分移民都使用普通话，但他们在说普通话的同时，也还是具有很高的学习粤语的热情。

因为做记者需要和各种人等打交道,我曾经也是努力学习粤语的一员,而且还正儿八经地报过粤语培训班,但除了把从一到九学得字正腔圆以外,一到具体会话就蒙擦擦(粤语:不明白),当然也因此闹了不少笑话。

广东人口头禅"咩话?"就是"你说什么?"

记得刚到深圳,去朋友的办公室小坐,朋友是广东老板,他的小助理很热情地烧水泡茶接待我,烧了没一会儿,朋友就很着急地问小助理:"水滚咗未呀?"(粤语:水烧开没有?)

我一听,倒也听懂了几分,明白了三个字:"谁""滚""坐",看样子应该不是让我"滚",因为我才坐下。

小助理接着看了我一眼,答道:"滚咗了。"(粤语:烧开了。)

于是我心里又犯嘀咕了:此间无他人,到底是让我滚?还是让我坐?

后来为了一雪前耻,我还真的认真地研究过一段时间的粤语,但除了看遍港产片多认识了几个港星之外,收效甚微。

这一研究,才发现要真正地学会说粤语的确是一件很难的事情,比如"机"和"鸡",普通话明明是同一个音,粤语却是两种不同的发音,类似这样的音,用普通话说可能会弄错,用粤语说,却一听就明白。譬如深圳海边有两个距离不远的度假村,一个叫西冲,一个叫溪冲,普通话读音一样,但如果用普通话告诉别人这两个地址,一定要连说带比画地解释清楚,不然会指错地方;而在粤语里,西冲读作"塞冲",溪冲读作"开冲",永远不会弄错。

外地人听不懂、学不会粤语,讲粤语的广东人说起广式普通话来也常常令人哭笑不得。有个流传很久的经典段子,说有位潮汕籍领导做报告能把人笑死,他说:"大肺开鼠(大会开始),项在抢凉导花洋(现在请领导发言)。古妹女婿乡绅们(各位女士先生们),瓦们上头(我们汕头),轰景买赖(风景美丽),高通慌便(交通方便),山鸡很多(商机很多),方银你来逃猪(欢迎你来投资),瓦花展(我发展),你撞墙(你赚钱),完了,吓吓呆瓜(谢谢大家)!"

于是后来在深圳,大家聚在一起聊天时永远会多一个玩笑时间,就是说一点不洋不土的粤语,此时经常互相调侃对方"瓦花展,你撞墙"。

粤语除了发音与中原大不同,词汇语法也独辟蹊径,但倒反而因此显得既洋又古。

说它洋,是因为有很多外来语混杂在粤语中,比如出租车叫"的士",就来源于TAXI,今日此称谓已为全体国民接受,人人都学会"打的"了;此外公共汽车叫"巴士",也来源于英语,并延伸到大巴、中巴、小巴、校巴。

说它古,是因为在词汇乃至语法方面,粤语保留了一些古词、古义或古文搭配。广东人说"喝水吃饭"特别文雅,叫"饮水食饭",几乎是书面语。语法上的倒装句比比皆是,例如"我先走"会说成"我走先","给我钱"会说成"俾钱我(给钱我)","我比你多"会说成"我多过你"。这种语法现象也与英语和古文的副词后置都相通。

这是因为,粤语源自于上古"雅言",所谓雅言就是中原地区各民族共同使用的官话,大致相当于"普通话"。春秋战国时期,各诸侯国均有各自方言,而官方交往、文人讲学、祭祀活动,都使用雅言。孔子曾说过:"子所雅言,诗书执礼皆雅言也。"

秦朝南征百越之地，征发原六国之人到岭南作垦卒。这些垦卒互相之间必须使用雅言交流。后在历次语言的演进更迭中，因为广东孤悬岭外，相对滞后，并未受到北方游牧民族"胡语"的更多侵染。得以成为古汉语的孤岛，被语言学界称为"古代雅言的活化石"。

广东话还常会用"有"来强调一种完成了的动作，比如"打了电话"会说成"有打电话"，"花已经开了"会说成"花有开啊"，"我参加了比赛"会说成"我有参加比赛啊"。

其实你费尽九牛二虎之力搞懂了粤语词汇、语法，也别高兴太早，最要命的是粤语的声调之多，令人瞠目结舌，汉语的声调现在只有四个，但是粤语却有九个声调，而且相差无几，拿捏不好就荒腔走板。所以有些在广东待了几十年，自认为粤语流利的人，一开口就能被广东人识破，问你是否"北佬"。

广东人对别人的称呼很亲切，常常在人名前加"阿"表示亲昵，比如阿珍、阿芳、阿陈、阿张等，姓或名前皆可加"阿"。如果陌生人第一次见面这么称呼，那就意味着你们很快就会熟悉起来。这也是广东人释放善意的一种方式。

客居粤地久矣，虽然粤语仍不过关，但粤语情结却越来越浓烈了。

方言快要死了吗？

伴随着方言的存废，争论数十年如一日地延续至今，一路争着争着，方言也就一路式微着，普通话也就一路高奏凯歌地前进、前进、前进进。

如今方言终于快要死了！

刚来深圳的时候，在电视上还能看到白话、潮州话、客家话的频道，虽然基本上听不懂，但越是不懂越想看，除了想尽快融入岭南文化外，也与方言本身具有许多独具特色的音韵美分不开，有段时间，我还专门调到粤语频道看新闻，这叫"看图听话"，有图有字幕，声音就是背景音了，尤其是粤语的抑扬顿挫特别鲜明，权当听音乐，听懂与否并不重要。

但不知从什么时候开始，粤语频道一个一个消失了。据说是为了"加强软环境建设的需要"，在国际化时代，要照顾来广东工作、学习或旅游的国内外宾客对

语言环境的需要。软环境建设的结果,是英文字母、英文频道到处都是可视可闻。虽然媒体上时不时有人呼吁一下,于是官方也会出来解释,说只是要求电视台、电台减少粤语播音,增加普通话播音。只是"减少",不是"取消"云云。

解释来解释去,在我看来都差不多,"取消"从来都是从"减少"开始的,电视台播音时间是此消彼长的,你减少了这个,当然就增加了那个,减少的这个终究会越减越少,最终将归于无。所以从"减少"到"取消"也就半步之遥,时间早晚而已。

粤语非我母语,但我却站在保卫粤语的队列中。原因很简单,我们在粤地如果听不到(或少听到)粤语,那么我们总有一天回到故乡也会听不到我们的母语。因为公开的理由总有惊人的相似,比如"推广普通话",比如"加强软环境建设",我很奇怪,难道绵延数千年的粤语时至今日竟然已经不利于软环境建设了?我们要的是什么样的"软环境"呢?全民都只会说普通话,我们的软环境就建设好了吗?而且为了所谓的国际化,就匆忙改变一种根深蒂固的文化行为乃至生活方式,其急功近利的目的实在太明显了。而且以他们的推论,为了国际化而改善软环境,那就干脆彻底点,在电视台的节目中增加英语、德语、法语、韩语、日语乃至各个国家的语言,这样岂不其乐融融、大功告成矣。

本人从来都不反对普通话,自己也操一口还算过得去的普通话,而且普通话作为法定的国家级的"官话"当然要普及,但普及普通话就意味着要消灭方言吗?多一种武器有什么不好呢?其实普通话的历史很短,只有几十年时间,主要功能是为了交际。但交际可不是语言的唯一功能,语言还有很多其他同样重要的功能,比如"标识功能",不同民族、不同地区的人群往往是通过方言来"标识"本民族、本地区与他民族、他地区的区别。比如四川人、湖南人、山东人、西藏人等,首先是通过方言来区分的。方言还有"文化录传功能",方言对自身历史文化进行记录和传播,方言里有太多的历史信息,例如语言学家从天津话的语音特征考察出其与安徽沿淮地区的渊源关系,最后得出早期天津人是安徽移民的结论,而且最终得到了史料的佐证。假

川语方言电影《抓壮丁》

如有一天,普天之下莫非"普通话",那我们的某些历史源流研究就得戛然而止。

除了这些功能之外,方言的审美功能同样是突出的,任何方言都在其漫长的演化过程中形成富有个性的音韵美、语词美。银幕上曾经有过让人难忘的方言电影,鲜活的川语《抓壮丁》如果要用普通话来拍,那简直就是白开水。陕西方言的《天下无贼》、山西方言的《江湖儿女》、河南方言的《1942》,都曾让观众既饱眼福,又饱耳福,但方言并未撼动普通话的官方地位。

俗话说"一方水土养一方人""十里不同音,五里不同调"。正是这些不同的音和调,构成了四面八方有趣的人群,如果有一天,五湖四海皆同音同调,那才乏味呢。

其实说起来,中国人在经历过各种各样的革命锻炼之后,总有一种或显或隐的"弑父情结",一遇到风吹草动,就有一种弑父的冲动。我们的每个朝代几乎都从消灭前朝记忆开始,而且先从物质存在开始毁灭,比如中国人的服装每个朝代都在变,官话也随着皇帝和都城的不断变迁而改口,甚至发型也要由朝廷来定,并且跟脑袋瓜联系在一起,这在世界上也

是罕见的。而法国大革命攻占凡尔赛宫时，血腥如罗伯斯庇尔却也下令不得动宫中的一草一木，否则格杀勿论。因此我们今天才能看到保存完好的法国国王的卧室以及卧室里的摇篮。但中国人熟知的课文只能是"火烧阿房宫"，我们的历史里一片狼烟和废墟。

这种"弑父情结"带给我们的是对过去老东西的否定，我们太喜新厌旧了。我们的创造性的欲望在拥有了财富和权力之后，变得日益旺盛，不但改写了中国的所有城市，以及几乎一大半的村镇，而且还将改写中国的文化存在方式和生活方式，比如方言。

我的亲戚在上海，但去他们家绝对听不到上海话，老人在感慨：现在的上海话越来越不地道了，就是这种不地道的上海话，很快也听不到了。其他地方也大抵如此。

弑父固然痛快，但文化如果中断了，那就不妙了。

不过深圳与其他城市比较，倒有个方言上的优势，因为这是国内方言最全的城市，移民社会造就的丰富种群，连同他们的方言、饮食以及所有的生活方式汇聚一起，将深圳锻造成一个事实上的方言博物馆。

方言快死了吗？

未必。

The
biography
of
ShenZhen

深圳 传

第十一章　旧屋新楼

曾经有个外国记者采访深圳，写过一句有意思的话："这座城市虽然没有农民在种田，但他们仍然在耕种，耕种的是大楼。"

深圳曾经是中国第一座摩天大楼诞生的地方，并且以"三天一层楼"的速度创造了中国建楼史的新纪录。

以国贸大厦为起点，中国的城市开始了一场高度竞赛。此后不断有城市以超越"深圳高度"为目标，冲击着各自城市的天空。

深圳的每一座高楼背后都有一个故事，它们不舍昼夜地向太阳和月亮讲述着自己的故事。

情满大围屋

客家人，生而为客。

自晋唐以至明清，他们从北方中原地区辗转流落南国，一个"客"字道尽他们身份的尴尬，无论他们走到哪里都会成为所到之处的"客人"。

"客家人"的称谓起于宋朝。北宋开始将户籍分为"主""客"之别，移民入籍者皆编入"客籍"，而"客籍人"遂自称为"客家人"，从此客家人便成为南迁人们的代称。从他称到自称，既有辛酸无奈，也有包容豁达。

客家人不是少数民族，是汉族人，是唯一一个不以地域命名的民系，也是世界上分布范围广阔、影响深远的民系之一。他们都有故乡，但皆不能回，那里已没有他们的立足之地。但客家人不管走到哪儿，都能扎下根来，融入进去，并开枝散叶，繁衍壮大。据统计目前全球客家人大约8000万，约5000万人在中国，他们主要聚居在广东、福建、江西、广西、云南、香港、台湾等19个省的180多个市县，其余的客家人散居于全世界的80多个国家，美洲、欧洲、大洋洲、非洲皆有，总体上还是以东南亚居多。

客家人是一个不断逃亡的族群，从这一点而言，他们极像犹太人。

在客家人不断南迁的过程中，哪里荒凉便迁向哪里，此时，处于"山高皇帝远"的广东便向他们张开了宽厚的怀抱，故而客家人的1/3便落到广东，并进而与广府人、潮汕人三分南粤。

世世代代的迁徙、流离，锻造了客家人聪慧、低调、情商高的集体性格，他们具有天生的族群认同和自我保护意识，这从他们的建筑风格上可以毫不费力地看到。客家建筑的三大代表是：碉楼、围屋、排屋。碉楼完全是军事性建筑，高点攻击，立体防卫；围屋则是同宗家族群居之所，世代同堂，封闭式建筑固若金汤，集御外凝内于一体；排屋虽然已经开始以家庭分居，但家家户户并排建屋，左邻右舍墙瓦相连，依然具有很强的联动性。这三种建筑往往是互相依存的，无论是围屋还是排屋，都离不开碉楼的拱卫。

如果说围屋是航母，那么碉楼就是护卫舰，排屋就是驱逐舰。客家人最懂"抱团取暖"的重要。

我曾经站在"大万世居"门前的月形池塘，透过深邃的大门朝里望去，一眼仿佛看不到底。这座始建于清乾隆五十六年（1791年）的古堡式建筑，如今历经风雨，依然巍然屹立。

这座庞然大物，占地2.5万平方米，共有房屋400余间，居住在这里的是曾姓家族，该曾姓家族自明永乐年间开始南迁，先迁江西吉安、后迁福建汀州、继迁广东潮州，至十三世始迁坪山，十五世时曾传周开始兴建大万世居。

围绕此楼曾流传一个故事，大万世居原地曾是一片沼泽地，曾传周每天靠牧放鹅鸭和推独轮车赚钱，希望凭借自己的力量盖房子。但后来曾传周建房心切，想迅速致富，竟沉迷于赌博，渐渐地他输光了"血汗钱"。

"大万世居"客家历史的倒影

为了回本,曾传周来到亲戚家借钱,亲戚不但不肯借,还教训了他一番。这一顿教训让曾传周幡然醒悟,于是回家后斩断了右手大拇指,以示戒赌决心。自此之后,曾传周戒赌归正,勤俭持家,兴办实业,成为坪山一带的富裕人家,并筹足资金建起大万世居。

走进大万世居,你会惊讶于古人建筑格局的精妙。围屋以四圈"回"字形建筑构成,内有九条大街、十八个天井、八个楼脚,外加四周相互贯通的走马楼串联成一个整体。围屋内的街巷走廊,互相连接,四通八达,南北格局对称。围屋四周为厚约80厘米的院墙,墙外有护城河,围墙的四个角分别建有四座三层的碉楼,这样一座铜墙铁壁的大围屋,无异于一座兵营。因此建成200多年中,经历过太多次兵荒马乱和土匪攻掠,大万世居仍保持原有面貌,不怒自威地高贵地蹲伏着。

深圳的围屋目前尚存20多座,除了坪山"大万世居"以外,还有龙岗的"鹤湖新居""龙田世居""新桥世居"等。深圳围屋造型上基本都为方形围屋,这与福建地区的圆形围屋有较大差别。一直追踪研究客家围屋的张一兵研究员认为,形成方与圆形态差异最重要的原因在于"礼制"。"围"和"寨""城"同源,早期的寨多数为圆,城则有方有圆,多数为方。圆形的城寨,从古到今一直延续,分布呈西北—东南走向,比起方城,圆寨节省工料、防御无死角,但不合周礼,总体上只有河南和闽南有一点遗存,但河南明代以后就没有再建圆寨了。所以闽南由于地处僻壤,严谨的礼制尚未完全覆盖,加上俭省和古风仅存,所以建筑上才留下了这么一点圆形围屋,也叫土楼。

由此可见,客家人虽也流落僻壤岭南,但中原的礼制法度让他们在建筑上留下了自觉的约束。

其实,客家围屋除了功能强大的实用性外,它的审美功能也不容忽视。凡亲眼见到过围屋的人都会用"震撼""叹为观止"来形容第一印象。围屋的艺术性主要体现在整体造型上,它不是随性地杂乱无章地建起来

高贵地蹲伏着的"大万世居"

的，而是规划严谨、布局合理、均衡对称。木石细节的精雕细刻、屋脊山梁的优美弧线、祠堂内外的牌匾书画，工艺运笔精湛，都让人如览艺术品。围屋以中轴线纵贯其间，与上堂、中堂、下堂一道构成建筑的脊梁，左右环绕的多圈房屋构成建筑的骨架，纵横交错的巷道如建筑的血管，这样的围屋本身就是跃然灵动的生命体，住在这里会让孤独的人不再寂寞，胆怯的人不再懦弱。

节庆中的客家大围屋

客家大围屋，是客家人独有的建筑形式，它既是一种物质遗产的留存，又是中国传统文化的载体。当你注意到"大万世居"整座建筑物后墙筑成半圆弧形，与前面半月形的风水池塘遥相呼应时，你会叹服于这座建筑体现了深刻的天圆地方、阴阳平衡、天人合一的儒家思想理念。每座围屋都有一个"心脏"，这就是祠堂，他们都被包裹在卷心菜式的中间，是一个宗族的政治、文化、教育中心，它将列祖列宗和当下的所有个体生命紧紧联系起来，于是处理内部事务便游刃有余。祠堂在所有的围屋内都居于群体建筑的核心之中。

一座围屋就是一座城堡。

一座围屋就是一个小社会。

几十乃至数百个家庭居住在一个闭合的环境，如果没有清晰的秩序建构，以及极高的磨合机制，那是不可想象的。仍以"大万世居"为例，大围屋建筑群由于是全封闭的，所以在三堂的前后又发展出两个横向铺开的露天内院，又称上天街、下天所。上下天街是族人休闲、孩童玩耍的公共活动场所，还有公共厨房、厕房、仓库和完整的排水系统。除了公用水井之处，家家户户屋内还设有水井。族人日出而耕，日落而息，过着自给自足的生活。

客家人以他们的智慧与情商，再造了一个世界，他们在自我管理的宗法社会内幸福而安乐地生活，这在今天看来都让人羡慕不已。

随着时代变迁与社会发展，客家围屋里的人大都搬出去了，剩下的老屋在岁月的冲刷下，有些残破不堪，有些损毁殆尽，还有些成为养鸡场，很多人都在呼吁要抢救这些文物，不能让客家的历史只剩下传说。

每到夕阳西下，看着这些沐浴在金辉下的辉煌围屋，回望那些并未湮灭的客家人迁徙之旅，让人不禁感慨：哀吾生之须臾，羡长江之无穷。

一座碉楼一卷史

在岭南的建筑中，碉楼是一种独特的存在。

在村落里、田野间，一座座碉楼高高耸立，像一座座纪念碑，像一卷卷史书，记载了客家人开疆拓土的艰辛历程。

史书可以变黄、变脆，以致无法展读。但碉楼历经数百年沧桑，仍屹立不倒，让人们穿越岁月的风尘，在南国继续阅读它。

许多人是从姜文的电影《让子弹飞》里初识这种建筑的，从银幕里被它的静默与巍峨震撼。土匪们攻打碉楼，用上了各种武器，但碉楼就是坚不可摧，那种我自岿然不动的姿态让人肃然起敬。电影改编自马识途的小说《夜谭十记》，原小说中并无碉楼，也不在广东，但姜文选外景时，到了广东开平，当他看到梅家大院的碉楼群时就不想走了，说："搭什么景啊，你们能搭出这种真正的民国味道吗？"现在看来，如果没有碉楼，《让子弹飞》肯定会逊色太多。

碉楼，是客家村落的符号，它们居于村口要道，居高临下地环伺着周围，守护着自己的家园。

《让子弹飞》里的开平碉楼

作为客家人的深圳，这样的碉楼四处皆是。据深圳市文物考古鉴定所研究员张一兵先生的调查，深圳的碉楼在改革开放前还留有上千座，现存的有550多座。据考证，本地年代最久的碉楼建于清朝嘉庆年间，最晚的建于20世纪30年代。深圳历史上曾有1500多个自然村，绝大部分村庄都有碉楼，张先生称中国有条"炮楼文化走廊"，大约西起川、藏等少数民族聚集区，南至广东、海南，呈"西南—东南"的走向。深圳地处这个"炮楼文化走廊"的东南端，其数量仅次于开平。但与开平碉楼相比，深圳碉楼出现的历史要早一些，正因如此，深圳碉楼虽然没有像开平碉楼那么多中西合璧的痕迹，却更多地呈现出汉民族自己的建筑风格与特色。其中深圳碉楼中比较早期样式的那部分，是我国汉族历史上延续了1000多年的碉楼建筑系统中目前仅存的最集中、最大量的遗存，是民族传统文化的重要组成部分，也是民族传统文化特征最重要的表现载体之一。

深圳本土碉楼约有550余座，分布在西边的西乡、沙井直到东部的大鹏半岛，可以说覆盖了深圳全境，而规模最大、保存最为完好的碉楼群有两处，一在观澜，一在龙华。观澜碉楼群更为壮观，至今尚有114座，它们建于清代至民国时期。

由于大量客家人从中原一带迁入，他们面临着土匪、兵家和土著人的攻击与排外，为求自保建起了围屋与碉楼，聚族而居，围屋用于居住，碉楼则成为防守的堡垒。碉楼其实是学术界的命名，民间常常习惯把碉楼直接称为"炮楼",这就更加明确地指证了碉楼的功能。碉楼一般高为三五层,最高为八九层,修建楼层越高,越便于瞭望;碉楼的墙体远比普通的民居厚实坚固,不怕匪盗凿墙或火攻;碉楼上部的四角,一般都建有突出悬挑的全封闭或半封闭的角堡(俗称"燕子窝"),角堡内开设了向前和向下的射击孔,可以居高临下地还击入侵之敌;同时,碉楼各层没有窗户,而在墙上开设有射击孔兼瞭望孔,因此开口均小于民居的窗户,而且都有铁栅和窗扇,外设铁板窗门,各层射击点形成楼内居民的立体攻击点,攻守兼备,易守难攻。

《儒林外史》第43回里写到苗人造反,汤镇台攻打苗民首领别庄燕时,也曾犯难地说:"他踞了碉楼,以逸待劳,我们倒难以刻期取胜。"可见在冷兵器时代,武器精良的官家,面对苗民的碉楼也一筹莫展。即使进入火枪时代,在碉楼上傲然睥睨地防守,亦让进村之敌甘拜下风,临阵退却。

碉楼的主要功能自然是军事,但在和平年代也往往成为民居,族人可以住进里面,有些成为宗族的祭祀点,甚至可以用作仓库。碉楼内每层楼板都是木质的,楼梯沿四周墙壁拾级而上。

走进今天的观澜古墟,赫然可见一座"成昌楼"鹤立鸡群于东门街的一排古旧建筑中,成昌楼建于民国初期,又被称为文昌古炮楼,楼高30米,共8层,是目前古墟中最高、最醒目的建筑,楼顶护墙外装饰着一圈黑红双色彩带,像巨大的冠帽,四面各设两处"口"形瞭望孔,东西两面各设一鱼形排水口,西北角、东北角各设一瞭望台。碉楼的东面墙体上仍清晰可见密集的坑洞,那是在抗日战争时,东江游击队与日本作战时留下的弹孔,斑驳的历史遗痕里隐藏着多少热血与悲壮。

而要论观澜最老的炮楼,则当属桂花社区庙溪老村的文秀公炮楼。此楼建于清朝嘉庆或道光年间,距今约有200年的历史,被称为"宝安第一

碉楼守护着村落

碉楼"。而它外表看来虽与观澜其他炮楼并无不同，但整体散发着更加古朴拙厚的沧桑感。桂花社区村史文化研究专员陈志彪介绍，此村原住民以陈姓为多，修建的炮楼就以陈氏族长的名讳命名。"文秀"是族长名，"公"是敬称，文秀公炮楼代表着族长的身份。

这些碉楼，讲述着从清朝至民国的历史，也成为众多离乡者回溯寻根的节点符号。

一座碉楼一卷史。

那一座座矗立百年的碉楼，它们守候苦难、守候严寒、守候风雨，也守候希望。它是客家先辈种在这里的一个梦，从未动摇的梦。

这些遗落在村口和田野里的碉楼群，是耸立着的凝固的乡愁。

深圳的天际线

曾经有个外国记者采访深圳，写过一句有意思的话："这座城市虽然没有农民在种田，但他们仍然在耕种，耕种的是大楼。"

深圳曾经是中国第一座摩天大楼诞生的地方，并且以"三天一层楼"的速度创造了中国建楼史的新纪录。

以国贸大厦为起点，中国的城市开始了一场高度竞赛。此后不断有城市以超越"深圳高度"为目标，冲击着各自城市的天空。

但经过30多年的竞赛，深圳仍然保持着中国300米以上的高楼数量第一，成为300+大楼最多的城市，在这座不大的城市，已建成的300米以上的大楼居然有16座，最高楼已达592.5米。所以，国内建筑界流传一句话："全球摩天大楼看中国，中国摩天大楼看深圳。"

深圳的每一座高楼背后都有一个故事，它们不舍昼夜地向太阳和月亮讲述着自己的故事。

第一个故事，当然还是国贸大厦的故事，因为它是楼群王国中的绝对群主，即使今天已经有一座又一座高楼超过了它，但是它的位置岿然不

崎岖峻拔的天际线

动,像一个尊贵的国王在威严地巡视它的王子。

1981年,在罗湖区人民南路与嘉宾路的交会处,还是一片灰色的沼泽地,周围是低矮杂乱的房屋。谁也想不到这里会崛起一座伟大的建筑。按某种习惯的说法,50层以上的建筑才可以称得上"摩天大厦",当年中国最高的楼是37层的南京金陵饭店。而这里将矗立起一座超过金陵饭店的楼,并且还将创造中国建筑史的几个第一:第一栋超高层建筑;第一座实行招标的建筑工程;建筑施工速度的第一。

至今想起来,国贸大厦总设计师朱振辉依然激动不已,他说:"作为一个建筑师,参与国贸建设是我人生的顶峰,我的人生因为国贸而永远改变了。"这位哈工大土木建筑系毕业的高才生做梦也没想到这个任务会落到自己头上,当他被任命为国贸大厦总设计师的时候,他才45岁。

当时的市委书记梁湘拍板建设一座特区的地标性建筑,他把当时在深圳的38家内地部门的同志召集来商议,建议把这座大厦作为各省市设在深圳对外发展的"窗口",由大家共同出资,一家一层,所以初定建38层,比当时中国的最高建筑——南京的金陵饭店高一层。但在提交市委常委会讨论时，大家感到38层的高度还不够，与香港也没法比。改革开放的激情和身边香港的刺激，最终促使设计逐渐加高至地上50层、地下3层共53层160米的大楼，顶层要能停直升机。

这个目标一出来，让所有人都感到振奋，还有更振奋的在后头。

1984年3月15日，新华社向全世界发布一条消息：正在建设中的中国第一高楼——深圳国际贸易大厦主体工程建设速度创造了"三天一层楼"的新纪录，这是中国高层建筑历史上的奇迹，标志着中国建筑行业的实力步入了国际先进行列。"三天一层楼"就此成为"深圳速度"的标志享誉至今。而创造这个奇迹的中建三局一时名声大噪，随后又承建了同样著名的发展大厦和地王大厦。

1992年，在国贸大厦顶层璇宫里，南巡的邓小平做了著名的"南方谈话"，吹响了中国新一轮改革开放的号角。

此后，国贸大厦的璇宫迎来过历届国家领导人，并先后接待过国外600多位首脑政要，也一直是国内外游客造访深圳的必到景点。

深圳一直在自我超越，11年后，又一座摩天大楼拔地而起，再次刷新了深南中路的天际，这就是灵秀青翠的地王大厦，它除了68层的超高高度，其造型也独树一帜，设计灵感来源于中世纪西方的教堂和中国古代文化中"通、透、瘦"的精髓，它的宽与高之比为1∶9，创造了世界超高层建筑最"扁"、最"瘦"的纪录。

"三天一层楼"的国贸大厦

地王大厦最吸引人的地方在它的顶层，这里是一个主题性观光项目"深港之窗"，乃是亚洲第一个高层观光区，此处360度玻璃视窗，缓缓旋转一周回到原地，站在384米的顶层"南望香港""北瞰深圳"，可以将深圳河南北的香港与深圳尽收眼底。除了空中观景，还设有15个游乐区，在游乐中了解深港历史与现状，无异于一个小博物馆，依次有世纪创举、深港巡礼、南望香港、深港百年、深港通衢、商机无限、湖光山色、一夜之城、趣味生态、中央览胜、休闲空间、北瞰深圳、海盗传奇、美食风情和购物天堂。初到深圳者，会瞬间缩短与这座城市的距离。它让你意识到，大楼不仅是冷冰冰的建筑，还承载着人文内涵。

2018年11月，地王大厦入选第三批中国"20世纪建筑遗产项目"名录。

深圳人建楼的热情一直都未消退过，城市高度一再被刷新，地王大厦之后是京基100大厦，高度达到441.8米，整整100层。第100层的钢铁框架极富后工业时代的艺术气息，宛如艺术馆。我在导演故事片《爱不可及》时，被这个空间迷住了，经过与京基100大厦的反复沟通，最终如愿在100层拍了几场重头戏，但给我们的时间只有两夜，我带着剧组的上百号人，晚上进场，一直拍到太阳升起，连续两个不眠之夜，完成了在"城市的天际"拍片子的梦想。

至此，城市拔节而起的脚步仍没有停止，摩天建筑的冠军被又一座大厦占据：平安国际金融中心，599.1米。作为平安集团总部的这座庞然大物，迅速成为中心区令人瞩目的新地标，"深圳第一"实至名归。

然而，这场向着天空生长的高度竞赛远远没有结束，目前的世界第一高楼是828米的阿联酋迪拜塔，深圳人又把目光瞄向了它，据媒体披露，深圳很快就会有一座新的建筑，将这个迪拜第一高楼比下去，这座被称为"湖贝塔"的超级大厦，将达到史无前例的830米，如果如愿建成，它将

不同时期的地标建筑

成为世界第一高楼。

当然，伴随着摩天大楼的拔地而起，各种质疑也从未停止，很多人诟病为"炫富"，也有人认为曾经优美疏朗的城市天际线正在消失，代之以崎岖险峻的天际线，曾经举头望明月的天空也正在一点一点被蚕食，无限地向天空要高度，是需要遏制的。

反思与质疑有极大的价值，但城市建筑不断向上的趋势依然没有放缓的意思。深圳乃至中国人建楼的冲动，并不能简单地归结为一种比阔的行为，实际上这也是由中国城市人口的总量与密度决定的，与其说是一种追求，不如说是一种无奈，因为日益拥挤的空间，让城市决策者和建筑师们必须找到一种方法，既解决建筑的最大容量，又要尽可能多地给市民留一点绿地空间。因此，不断瘦身并长高的建筑成为无法摒弃的选择。

此外，这也是中国城市化与现代化的梦想，从农业社会的田野、山川，到钢筋水泥的再造山川，这也许是一个既无法回避又歪打正着的螺旋式上升。

地标：上海宾馆

深圳的宾馆一个比一个豪华，一个比一个高级。但如果问名气最大的宾馆是哪家，大家一定会不约而同地想起它，甚至不用想，就是它。

上海宾馆！

为什么？因为它太著名，太著名，太太著名。

可以毫不夸张地说，不知道上海宾馆，你都不能称自己为深圳人。

然而当你看到它时，说不定会有点失望，这就是那座被称为深圳地标的上海宾馆吗？用广东话说，有冇（没）搞错啊？

冇错，就是它。

你的惊讶在今天看来十分合理，在寸土寸金的深圳中心地块，这座宾馆只有区区十层，而且只有163间客房，实在是貌不出众。

它究竟是靠什么而著名的呢？

那还得请您把时针倒拨回35年前。

请先闭上眼，从脑子里把上海宾馆周边的所有建筑都抹去，把那些高它一头乃至好多头的高大威猛的建筑统统抹掉，但是它还是它今天的模样，一点也没变。岁月对它并不如刀。

这时候你也许还是会惊讶，但惊讶得正好相反，你会惊讶于在这个尘土飞扬的大工地一样的城市里，这幢建筑像个海派少女一样优雅地坐在你对面，尘土只不过是她的面纱，但在一片灰尘里，她的容颜实在沉鱼落雁，闭月羞花。

那么，为什么深圳当年最高大上的宾馆要用"上海"命名呢？

其实原因也不复杂，1982年，时任深圳中航首任总经理的李国富接待来深考察的美国希尔顿酒店总裁小希尔顿，李总向小希提议，在深圳投资建个酒店绝对是个好商机，但彼时的小希尔顿哪能看上具有小县城气质的深圳，遂以条件太差为由直接拒绝。李国富不甘心，洋人不投资，中国人不能盖吗？自己势单力薄，便又找来了上海石化和香港深业投资，当时因为上海石化所占股份最大，而且筹建组的组长也是从上海国际饭店派来的，所以"上海宾馆"的名字便顺势而来。另外，当年的上海可是金字招牌，深圳觉得能够和这个中国最著名、最洋气的城市绑在一起，总能沾上点光的。

从1985年开业之后，由于处在市中心繁华地段，位置极为优越，刚抵达深

上海宾馆是城市的"原点"

老建筑像留声机保留着记忆

圳的人,从深圳火车站出发,沿着建设路向北步行 900 米,在建设路公交总站,人们会发现,几乎所有的公交车都途经一个地方——上海宾馆。到了上海宾馆又发现,从这里往东的路边,矗立着一块大牌子,上书"进入市区",于是,人们便把上海宾馆称为深圳的"坐标原点"。

彼时有句话流传甚广:"如果你在深圳迷了路,就坐上任何一辆能够到达上海宾馆的车,在那里,总有一辆车会带你去你想去的地方。"

一句话道尽上海宾馆作为城市地标的作用。

朋友间如果有事相约碰头,往往脱口而出:"上海宾馆见。"

每天多少人从四面八方会聚到这里,同时又有多少上班族从这里辐射到城市的四面八方,上海宾馆见惯了城市人群的穿梭吐纳。

彼时的深南路在上海宾馆门前也便到了尽头,以此为界分为两个世界:东边是城市,西边是郊区。向东是刚铺好的水泥路,向西是颠簸不平的泥土路,有人戏称是"颠脏线",取了"滇藏线"谐音,意思是颠得你五脏六腑都要翻出来。

上海宾馆的建筑风格确实带有鲜明的上海滩的欧陆印记,海派玻璃印花、哥特式的圆顶,一切都带着旧时光的贵族气息,这让喜欢布尔乔亚情调的小资一见倾心。即使到了今天,身边崛起了一座又一座大厦,但它在其中不卑不亢地端坐着，俨然老贵族对新贵们不屑一顾的姿态。

上海宾馆内部的装修风格也是海派的，曼妙的歌声从复古留声机中静静流出，企图牵起来客的双手在歌舞厅中轻舞慢摇；别致的屏风亭立于典雅舒适的厅堂前，配合雕梁画栋的古朴让人仿佛置身于江南水乡的柔情中。哥特式圆顶下缭绕着"大上海酒楼"地道海派菜肴的香味，在金碧辉煌的彩玻璃和霓虹灯的闪烁中，身处改革激情时期的人们在这里重温夜上海的辉煌。

上海宾馆公交车站也许是深圳最繁忙的车站，无论什么时候都有公交车排队进站。在纪录片《深圳地标》中，上海宾馆原总经理朱根森回忆了上海宾馆公交车站的由来。起初这个站名叫"福田路口"，宾馆的一名员工在这里被公交车擦碰，出了交通事故。在处理交通事故的过程中，上海宾馆与公交公司协商、配合十分默契，宾馆对员工进行了很好的安排和安抚，减轻了公交公司的负担，上海宾馆顺势和公交公司协商，出于方便市民和住店旅客的要求，将该公交站命名为"上海宾馆"，既方便定位，又有利于企业，公交公司经过调研，也认可上海宾馆作为地标和东西方向节点的作用，便采纳建议，1987年，"福田路口"公交站正式改名为"上海宾馆"公交站。

从此，写着"上海宾馆—火车站"的中巴车，成为深南路上最活跃的交通力量，夹着各式公文包的人们从车里上上下下。横贯东西的几十条公交线路都在这里交会，来往于宝安机场、蛇口码头的专线大巴每天都会运营到深夜。

老深圳依然还记得上海宾馆旁边有家免税商店，常常顾客盈门；而在宾馆后面的天虹商场，当时也算是深圳百货商场的龙头之一；宾馆对面的"老大昌"酒楼，也以上海菜为招牌，搭了宾馆的顺风车。

2005年，在全体市民参与的"深圳改革开放十大历史建筑"评选活动中，上海宾馆以高票位居十大历史建筑之首。当时的颁奖词这样写道："很多年了，一座一座的高楼，在她身边崛起，一条一条的大路，从她身边延伸。她曾是20年前深圳的地标，那时她站在市区与郊区之间，为出门的人指明城市的方向，为回家的人照亮手中的车票。如今城市早已不是那么小的城市了，她，欣然地站在那里，默诵着地图，翻检着历史，守望着回忆。"

此后的若干年中，上海宾馆的所有者数次想拆除重建，再建一个规模更大、档次更高的五星级宾馆，市民闻之纷纷反对，认为上海宾馆已经成为城市历史的一部分，深圳不缺大宾馆，但是缺少像它一样有历史厚度的建筑。雪片一样的挽留信件飞向报纸、电台、电视台，一向尊重民意的深圳企业最终尊重了市民的记忆，于是这个只有163间客房的宾馆得以在寸土寸金的地段原样保留着。

如今，在流光溢彩的深圳，上海宾馆静静安坐于闹市一隅，像留声机和老照片，勾起人们对往日时光的无尽回忆。

The
biography
of
ShenZhen

深圳 传

人在草木间

第十二章

深圳四季如春，四季皆有开花的大树，凤凰木热情如火，木棉花气质如虹，异木棉粉嫩娇艳，紫荆花浓烈艳丽，还有合欢花的秀美，紫薇花的雅致……

唯独榕树开花最为低调，低调得无人可见它的花朵。因为，它和无花果一样是隐头花序，兀自悄悄地开花，悄悄地结果，当你忽一日看到它跌落一地的果实时，它的花期早已过去。

独木成林，唯有此树。

市花簕杜鹃

簕杜鹃是深圳的市花。

这是一种热烈到让你无法拒绝的花朵,无论是花色之浓艳、花瓣之硕大、花冠之撩人,都使人不能不对她多看两眼。

在深圳,簕杜鹃几乎无处不见,所以在评选市花时,无论是专家还是市民都无可争议地把票投给了她。虽然她既没有桂花的甜香,又没有茉莉花的淡香,也没有香樟树的浓香,但在一个视觉中心时代,她光有颜值就够了。

其实说起花草树木,我是个十足的门外汉,几乎可以称为"花盲"。不知为何,我的植物学知识几近于零,曾经因为分不清玫瑰花和百合花而闹出过笑话。我永远不会认错的花就是菊花,虽然我努力想要区分出不同的花与树,但对我而言,大部分花儿基本上都长成一样。

不过,对于簕杜鹃,我尚算是比较熟悉的。因为在深圳,出门就算不认得路,也得认识她。五颜六色的簕杜鹃遍布在园林里、马路边、街道上,让人不认识都难。

第二届"改革开放40周年簕杜鹃花展"（2019年）　　树冠上的簕杜鹃

相对于簕杜鹃这个拗口的名字，我更喜欢它另外的名字：三角梅，它完美地诠释了簕杜鹃的形状，比簕杜鹃的名字本身要来得形象。也有人说三角梅的名字寓意有点暧昧，所以爱人之间送花千万不能送三角梅，否则容易导致分手，虽然不知真假，但却听说每年都有倒霉的小伙子，因为送了三角梅被恋人拒绝的惨剧。所以在深圳待久了的人，一般都心知肚明，虽然市花无处不在，但切不可轻易拿来送恋人，否则结局不妙。

不过，我倒是把它当段子听。

查了工具书，才发现我们的市花原来产自巴西，是地道的进口货，这倒也合了深圳的开放与包容精神。

花也与人一样，有怕冷的必有怕热的。例如梅花不畏严寒，而且偏偏"香自苦寒来"。而簕杜鹃正好相反，她是不畏酷暑，拥抱盛夏。烈日暴晒，台风肆虐，全然改变不了她们在南国热土上娇艳多姿、绚烂夺目地盛开，如同来自不同地方的深圳人一样，一旦在这片土地扎根，便无惧风吹雨打，怒放生命。

簕杜鹃对南国的土地爱得深沉，花期也因了这份爱而绵长得不同寻常，每每能从十月份一口气盛开到第二年的六七月份，剩下的两个月她也不会全然退场。季节对她仿佛不起作用，一年中基本上都不缺席，这在鲜花界似乎并不多见。

地处福田中心区的莲花山公园，是簕杜鹃的主场。

每年的11月份会举行一次盛大的簕杜鹃花展，为期将近一个月，让人浸泡在那种热烈而奔放的花海中不能自拔。每年的11月也是深圳读书月，多少人从莲花山对面的中心书城走过来，手里拿着书穿行在花丛中，我觉得那是最美的画面，此时无须花香，书香足够芬芳。

深圳从1999年开始举办"簕杜鹃花展"，迄今已举办过21届。去年的簕杜鹃花展布展面积达20万平方米，布置了精品展、城市花集、花园展、容器花园四个主要展区，各个展区之间运用缤纷多彩的簕杜鹃花境进行串联。其中，花园展是本届花展的重要展区，共有6个花园，分别是海之恋花园、海岛花园、狂野花园、迷园、悦动花园、仙湖花园。此外，在莲花山公园和市民中心的跨线桥，还设置了四个岛状景观："国金岛""科创岛""文教岛"与"交流岛"，与福田区四大中心特色呼应。一时成为城中爆点。

簕杜鹃花展，年年主题都会不同，品种更是多不胜数。去年的主题为"万物并育，花语千园"，市民可在赏花的同时，参与一系列极富魅力的配套活动，比如：自然教育嘉年华、五洲风情小型音乐汇、街头艺人表演以及目不暇接的创意表演。

每当此时，走进莲花山公园，进入缤纷多彩的簕杜鹃花境，就像走进了一个梦幻的国度，花海把外界的喧嚣拒之于外，她不允许任何俗世嘈杂夺走她苦心营造的美丽童话。

深圳多杜鹃，除了簕杜鹃，深圳另有野杜鹃，毛棉杜鹃即为一种，大多生长于山野之间，因属于高海拔植物，喜欢凉爽湿润的气候，讨厌酷热

梧桐山漫山遍野的毛棉杜鹃

干燥。这是与簕杜鹃最大的差异。所以梧桐山上最多，七娘山上次之，除此别处罕见。与人工培植的簕杜鹃不同，毛棉杜鹃一直在梧桐山放浪形骸地野蛮生长，平时无人问津，花期受人青睐，形成了独特的毛棉杜鹃自然景观。

深圳的春天很短，毛棉杜鹃却是应季的春花，多在三月末的时候盛开。彼时，绿了一冬的梧桐山，从半山的凤凰台附近开始星星点点地泛红，近20亩面积的毛棉杜鹃开始陆陆续续地绽放，深深浅浅的红色慢慢地铺开，从山腰到山顶，铺成了一片壮观的花海。

在一个节庆众多的城市，有毛棉杜鹃，便诞生了"毛棉杜鹃节"，历时半个月的毛棉杜鹃节吸引来无数的市民登高赏花，当人们一步一步地走向远离市区的海拔高处，愈走近花的海洋，便愈走近心灵放飞的地方。

梧桐山上其实还有毛棉杜鹃的小伙伴：华丽杜鹃和映山红。因为没有毛棉杜鹃那般珍稀，华丽杜鹃和映山红便被淹没在花海中，成了可有可无的群众演员。

杜鹃花开的时候，杜鹃鸟也开始漫山遍野地啼叫起来。

很多人都奇怪杜鹃花为什么起了一个鸟的名字，杜鹃花和杜鹃鸟到底有何种关系。其实读《史记》时，在《蜀王本纪》里早有记载：古蜀王望帝在亡国后死去，其魂化为"子规"，即杜鹃鸟，杜鹃鸟仍对故国念念不忘，不分昼夜在山中哀啼，其声悲切，乃至于泪尽而啼血，啼出的血染红了山坡上的野花，野花便化成了杜鹃花。《史记》本为写实，但少有的几篇弥漫着浪漫气息，"子规啼血"即为其中之一。所以我看杜鹃花开、听杜鹃鸟鸣，常常会有一种莫名的悲凉感，不知是否受司马迁的影响。

南唐诗中成彦雄曾有《杜鹃》诗："杜鹃花与鸟，怨艳两何赊。疑是口中血，滴成枝上花。"坐在梧桐山坡赏杜鹃花，耳听着杜鹃鸟声声啼叫，眼前的花儿仿佛开得更加艳丽了，艳丽中透出凄美。

榕树的辫子

古语有：独木不成林。无人怀疑过。

但榕树却是例外，它很少成群，大都能"独木成林"，它用巨大的华盖笼罩下来，范围极广，从它张开的树枝上向下生长垂挂着丝丝缕缕的"气根"，柱根相连，柱枝相托，枝叶茂盛。一棵榕树就罩着一方土地。

1992年，邓小平同志再次南巡深圳，曾到仙湖植物园视察，并在园内湖边的空地上亲手种下一棵榕树，那是一棵高山榕，他戏称此树为"发财树"，以至于从此以后到仙湖植物园游玩的人们都喜欢去摸一摸那棵"发财树"。为了保护它，现在已用围栏圈起。

近20年过去，种树的老人早已驾鹤西去，他当初所种的那棵弱不禁风的小树，也在"财迷"们不断地抚摸中长成了枝繁叶茂的大树。

榕树是岭南最常见的大乔木。

对于大多不常见榕树的北方人来说，对榕树的认识应该是来自小学课本上巴金先生的散文《鸟的天堂》。

巴金先生起初也犯了常人的错误，他以为"这是许多棵茂盛的榕树，但是我看不出树干在什么地方。我说许多棵榕树的时候，我的错误马上就给朋友们纠正了，一个朋友说那里只有一棵榕树，另一个朋友说那里的榕树是两棵。我见过不少的大榕树，但是像这样大的榕树我却是第一次看见。"等到他和朋友把船划近了之后，他们才看到榕树的真面目："是一棵大树，有着数不清的枝丫，枝上又生根，有许多根一直垂到地上，进了泥土里。一部分的树枝垂到水面，从远处看，就像一棵大树躺在水上一样。"可见榕树在很多人看来，一棵便是森林。

在深圳，榕树除了种在公园里成为景观树，也常常被种在道路两旁，成为行道树，很快地长成一溜"巨伞"，只手遮天，把一条条石板街道变成绿色的长廊，为石板路平添了几分柔软，遮挡住整个盛夏炽热的阳光。

榕树喜欢南方的温暖、湿润，生长迅速，种下不过十年八年，就能长成一棵大树。时日一久，它的侧根发芽，又能生出新的小树，便长得遮天蔽日。

1992年邓小平手植榕树已经长大

一棵榕树便可"独木成林"

    榕树的品种颇多，据说全世界共有800多种，主要分布在东南亚。当然，我们所熟悉的大抵只有高山榕、柳叶榕、垂叶榕、金叶垂叶榕、菩提榕、大叶榕、金叶榕、花叶垂叶榕这几种，因为它们遍布岭南。

    深圳四季如春，四季皆有开花的大树，凤凰木热情如火，木棉花气质如虹，异木棉粉嫩娇艳，紫荆花浓烈艳丽，还有合欢花的秀美，紫薇花的雅致……唯独榕树开花最为低调，低调得无人可见它的花朵。因为，它和无花果一样是隐头花序，兀自悄悄地开花，悄悄地结果，当你忽一日看到它跌落一地的果实时，它的花期早已过去。

    大文豪苏东坡当年被贬至"蛮夷之地"粤东，他除了喜欢吃沙井蚝，还喜欢躺在榕树下乘凉，曾写下"白发未除豪气在，醉吹横笛坐榕阴"的诗句。只是不知道苏东坡醉卧榕阴下的时候，有没有被树上掉下的榕果击中脑袋，涂满一头果浆？

榕树最独特之处在于"气根",巴金先生在《鸟的天堂》中写到榕树"枝上又生根,有许多根直垂到地上,进了泥土里",这里的"根"指的就是榕树的气根,亦称为"气生根"。气根的作用简单说来有三,一是为了"呼吸",榕树通过气根可以实现内外的气体转换,用以适应缺乏氧气的环境;二是为了吸收并储存空气中的水分与养料;三是为了支撑着不断往外扩展的树枝,使树冠不断扩大。一棵巨大的老榕树支柱可多达千条以上。神奇的是,榕树的气根和它的叶子一样能入药,具有清热、化湿的药性,可以治疗感冒、疟疾、风湿骨痛、跌打损伤。

幼树的气根柔软飘逸,微风吹拂时像是一群随风起舞的浪漫的精灵,待到它们越长越大,越长越粗,垂到地面,钻进地底,便又摇身一变,成了榕树的支柱,支撑着它们的大榕树"老板"稳固地向外不断扩展地盘,独木成林便有赖于它。

最初榕树气根在我的印象中是秀美的。

而打动我的除了它的秀美,还有它的故事。

很多作家都写过榕树,最著名的是印度诗人泰戈尔的那首《榕树》,"你站在池边的蓬头的榕树/你可曾忘记那小小的孩子/就像那在你的枝上筑巢又离开了你的鸟儿似的孩子?/你不记得他怎样坐在窗内/诧异地望着你深入地下的纠缠的树根吗?"泰戈尔记忆深刻的也是"蓬头的榕树"和"深入地下的纠缠的树根"。

当然,榕树的历史颇为悠久,各地的榕树都有各自不同的故事。在深圳,关于榕树的故事是它的辫子。

传说在很久以前,美丽的疍家女阿榕嫁给了她青梅竹马的恋人阿明,婚后二人十分恩爱。阿榕天生一头浓密的黑发,阿明每天要帮阿榕梳头,替她编好辫子以后才出海打鱼。有一天,阿明出海之后很不幸地遭遇风暴,船翻人亡,再也没能回来。阿榕便日日夜夜地守候在海边,最后化成了一棵大榕树，那一片长长的气根，像是她的一头黑发，翻飞飘逸中仿佛从前一样等着阿明回来替她编辫子。

在深圳生活了近30年，随着对深圳的感情日深，对榕树的喜爱亦不浅。在很多村头，都有一个以榕树为中心的空旷广场，围绕这棵被视为"神仙树"的村宝，在榕树巨大的树冠护佑下，全村的重要活动都会在这里展开，据说最大的一棵榕树，它的树冠可覆盖6000多平方米，殊为惊人。

电影《爱不可及》中女主角给榕树编辫子

2018年年底，我导演的院线电影《爱不可及》在全国影院上映。电影全程在深圳拍摄，其中拍了大量榕树的镜头，美丽的女主角在榕树下和男主角相遇，女主角用气根给榕树编辫子，榕树辫子引发两人前世的深情回忆，生生世世都在给榕树编辫子，这些情节引起了观众的共鸣以及对榕树的关注。给榕树编辫子，是编剧伍呆呆的奇思妙想，我觉得浑然天成，加上在深圳生活过的女一号张颖冰的出色演绎，没想竟成了电影的一个亮眼细节。

从那以后，据说不单在深圳，在深圳之外的很多有榕树的地方，都有人开始给榕树编辫子，终于让榕树具有更浓郁的浪漫气息了。

红树林守卫海堤

红树林被称为海岸"近卫军"。

但红树林实非红树之林，也非某种植物的专称，乃是10多种热带、亚热带特有的常绿灌木和小乔木群落，常起护堤防浪作用。沿海岸线，随处可见红树林黯然内敛的身姿。

对于其他沿海城市，红树林也属平常，但在深圳地位极高，因为它是市树。既然是市树，就必然有些说道。

深圳的红树林从东到西的沿海滩涂上均有，较著名的一片位于深圳湾东北岸，与香港新界隔海相望。1984年正式设立红树林保护区，英女王丈夫菲利普亲王、丹麦女王丈夫亨里克亲王，都曾专程到此观鸟，并将红树林称为"绿色明珠"。如今，地铁、公交均设有"红树林"站。

我30岁到深圳，一直在这里生活，从未离开，也不打算离开。

才女作家林徽因写过《爱上一座城》，里面很多句子都在网上广为引用，尤其是"因为一个人，爱上一座城"已经成为熟句。

我有时候也会问自己，为什么爱这座城？

俯瞰红树林

从家里去市中心常常从滨海大道上经过，我会把车停在路边的停泊处，下车在深圳湾畔的红树林旁边漫步，此时内心便会涌出这个萦绕已久的问题。

其实，在问的那一刻，心里已经有了答案，爱上一座城，因为一片林。就是那片沿着深圳湾优美地蜿蜒起伏，与对岸的香港米埔自然保护区隔海相望的红树林。

相信很多深圳人也与我同问同想。

仔细观察红树林，不难发现许多树干确实呈淡红色，一棵一棵红树扎进海滩，很像火烈鸟的腿。沿海而生的红树林的使命大抵就是守卫堤坝，它们身材矮小，却在海边的湿地里恣意张扬地生长着。

身材的矮小并没有妨碍红树们成为"海岸卫士"。

2018年，深圳沿海被台风"山竹"席卷，据称这是百年未遇的特大台风，中心风力14级，我过去以为台风最大风力不过12级，这回开了眼界。山竹过处，一片狼藉，大量海堤都被海浪冲垮，不过凡在堤坝外分布红树林的地方，海堤就少有冲垮，所以这海岸近卫军的称谓也名副其实。曾经看过报道，2004年的印度洋海啸，印度沿海被广为摧毁，但是有个叫瑟纳尔索普的渔村安然躲过，事后发现也是因为茂密的红树林，让他们躲过了海啸的魔爪。

许多年前，深圳曾公演过一台话剧《窗外有片红树林》，把人与树的关系演绎得淋漓尽致，这台话剧拿了中国话剧的最高奖"曹禺戏剧奖"，这也是深圳第一部获此奖的话剧。话剧从自然中的红树林引申到深圳另一个关爱他人、奉献社会的独特群体——义工联。

"义工"是深圳从香港学来的，20世纪80年代中期，来自各界的热心人士像红树林那样聚在一起，他们为初到深圳茫然四顾需要帮助的人们送去关怀，残疾人等弱势群体更成为义工的帮扶对象，第一批义工只有19名。

1990年"深圳市义工联"正式注册成立，这也是中国内地第一个义工法人社团，注册义工46名。30年弹指一挥间，如今深圳义工已经达到175万多人，现在义工已经被称为"志愿者"，所以应该说义工联是志愿者的鼻祖。志愿者被亲切地称为"红马甲"，无论在哪里，见到"红马甲"，你便会得到帮助。深圳有"义工节"，迄今举办过14届，有"义工天地展览馆"。

红树林守护着海堤，红马甲守护着人群，当一种植物的特质投射到人的行为上，便形成了城市的性格，"红树林精神"成为

义工联宣传画

297

红树林守卫海堤

深圳引以为豪的城市精神,"因为一片林,爱上一座城",便成为深圳的现代传奇。

到深圳之前,我并不知道世上还有如此迷人的红树林。

事实上迷人的不是那些号称"红树"而大多时候却是绿色的珍稀树种,迷人的是它们生命的姿态,它们履行着"海岸卫士"的责任,用自己小小的身躯在海岸线上组成了一条绿色的长廊,成了东半球候鸟迁徙的栖息地和中途歇脚点。

深圳温暖的气候和红树组成的植物王国成了鸟儿栖息的天堂,据说每年有10万多只候鸟在红树林过冬,鸟儿们在此实现了真正的诗意的栖居。摄影爱好者每天都会带着长枪短炮到红树林蹲守,他们称作"打鸟",但却是用镜头温柔地捕捉各种海鸟的婀娜身姿,海鸟也许见多了这种阵势,起初见人即飞,后来见人们友善,便不再惊飞,悠然觅食,还产生了一些被摄友们称道的"鸟模"。有人凭借在红树林拍到的海鸟摄影作品,拿到了国家级摄影金奖。

人类也因此受益,深圳已把红树林辟为自然保护区,打造成生态公园,成了人们体验自然风情的好去处。深圳用了很大的功夫,把沿海的栈道打通，形成了 10 多公里的海岸绿道，滨海大道栈道每天晨昏之际，都有很多健身爱好者在这里慢跑，他们一天的疲惫，在海天相接处得到充分释放。

一到节假日，红树林便满满地都是踏青、观鸟、看海的市民和游客，国外的政要到了深圳，是一定要来红树林看看的，他们会为现代都市的人与自然如此和谐地相处而赞叹。

爱上这座城，爱上这片林，就很难不被它感动。两年前我拍电影的时候，曾带着摄制组到红树林里的湿地取景。

当天拍最后一个镜头的时候，正值黄昏，我的男女主角坐在夕阳下的小船上，脉脉含情地对视。在女主角微微抬头的瞬间，天空恰好一群候鸟飞过，排成一个人字形，鸣叫声从天而降，摄影师敏捷地捕捉到了突发的这一刻，立刻把机器对准天空，剪出来之后，这个镜头与前一个镜头浑然天成，仿佛早有设计，简直就是大自然赏赐的一份厚礼。

那份感动许久之后依然在我心里珍藏着，没有什么比大自然更伟大。

三洲田问茶

到三洲田是因为我的一个梦。

那段时间我一直反反复复做同一个梦，梦见自己开车上一个陡坡，反反复复地加油，一直都开不上去。

直到那天和友人一道开车去了位于盐田区的三洲田。

到三洲田的路是一大段蜿蜒崎岖的山路。去的时候正是东部华侨城如火如荼的初建期，路上还有不少工地，泥泞难行。直到我们走错路，把车开进了一条只能进不能退的小路，继而到了一个陡峭的大坡，惊觉和我梦里的一样。如果上不去，倒退便只能入海。

结果是我把油门踩到底，车子低吼着冲上了那个大坡的坡顶。

瞬间眼前豁然开朗。

从坡顶向山下望，三洲田水库就在眼前，马峦山瀑布飞流直下。此处山青水碧，云雾缭绕，大小6个湖泊如碧玉镶嵌在山脚下，宛若传说中的仙境。远处群山绵延，近处的山坡上，大片大片的山茶花盛开着，雪白的，弥漫着淡淡的清香，幽幽地钻进鼻孔中来，也钻进了身上的每一个毛孔里去了。发自内心地为这片几乎被遗忘的山野迷醉，毕竟身处城市边缘，是一种幸运。

三洲田和它的山茶花就这样梦一般地走近了我。

以前知道三洲田，是因为"三洲田起义"，也叫"庚子首义"，是孙中山先生领导和打响的反清革命第一枪。

三洲田当时尚属惠州。1900年6月21日，孙中山在香港的一条小船上召开军事会议，任命郑士良为总指挥，前往三洲田策动起义。其实当年的三洲田村，现在已在水库底下，每年的夏秋季节，三洲田水库水位下落，人们总会发现一个村落的依稀形状，这就是被淹没的原三洲田村。

两甲子过去，又到庚子，120年里沧海桑田，庚子首义直接催生了11年之后的辛亥革命，满清王朝终被推翻，民主与共和的梦想开始孕育。后来，孙中山回顾他的革命道路时，总结道："发轫于甲午之后，盛于庚子，成于辛亥，卒颠覆君政。"可见在他心中，三洲田首义的地位非同寻常。中山先生逝世后，其子孙科为三洲田学校亲题一幅匾额："庚子革命首义中山纪念学校。"1958年，因修筑三洲田水库，"庚子革命首义中山纪念学校"迁到了三洲田新村里，并改名为三洲田学校。1982年深圳市人民政府在三洲田新村重建"庚子革命首义中山纪念学校"，以表深圳人民对革命先烈的缅怀。

三洲田村尽管被水库淹没了，但那段历史无法被淹没。

这座罗氏祠堂是庚子首义指挥部

三洲田的茶树园

三洲田如今已经成为游人如织的东部华侨城休闲景区，这里直接把瑞士阿尔卑斯山脚下的茵特拉根小镇搬了过来，成为一处异域风情的乐园，在自然山水间开发了大峡谷、茶溪谷和云海谷。

对其他的景点我不感兴趣，唯独对茶溪谷情有独钟，原因无他，唯茶而已。每年十一月，满坡的山茶花盛开的时候，就是我造访三洲田的时候。因为喜欢这些山茶花，便也细细地去了解了它的历史。

三洲田在打鼓岭和小西顶之间，被群山环抱，三洲田村的村民多以种茶为生，山里有许多以传统方法种茶和制茶的小茶园。

当华侨城集团和盐田区决定联手开发这里时，很多人担心过三洲田的命运，生怕失去这方尚未被现代化涉足的乐土，但随着茵特拉根小镇落地之后，担心逐渐消失了，三洲田在过去的野趣之上，又添进了遥远西方的韵味，同样也是异域的古老，小镇里面有古老的森林小火车，小镇的每一个角落都凸显着浓浓的欧陆风情，无处不散发着浪漫优雅。若不是小镇在鸟鸣谷幽、云遮雾绕的深山里，人们一定会觉得自己通过时空穿越到了欧洲的古旧小镇。

前些年在建设东部华侨城时，进行过地形勘探，意外有了考古发现，考古队在水库周边的山丘上，发现了古代墓葬，并就此发掘出自先秦至民国时期的历史文化遗存 37 处、古窑址 11 座、古墓葬 22 座、古代遗址 3 处、纪念学校 1 处。尤其珍贵的是 3 处古代遗址中有 2 处被确定为东周时期遗址，距今 2500 年，断代十分明确。

因为历史文化的加持，喜欢寻古问宗的人便不断造访这里。当然，无论什么人，到了三洲田首先征服他们的还是漫山遍野洁白的山茶花和葱郁的茶树。

到三洲田游玩的人们，都喜欢在玩累了之后，到当地村民开的餐厅里去吃一顿农家菜，尝一尝当地特有的"筒子鸡"，以及村民自家菜地里种的蔬菜，然后便心满意足地到村民的小茶店里去品茗。

沏一壶清茶，偷得浮生半日闲，颇有"行到水穷处，坐看云起时"的

东部华侨城茵特拉根小镇

水库下面埋藏历史

惬意，打坐于天地山水间，大抵是每个离开喧嚣的城市到三洲田去享受安宁的人最奢侈的时光。此时，什么名缰利锁，什么是非纷争，统统都远去了，统统都被"不如吃茶去"所驱离。

如果原始的小茶店无法令人满足，茵特拉根小镇旁的茶溪谷还有精心打造的美景。里面除了有茶园，还有令人眼花缭乱的四季花田，以及保留得尚算完整的湿地公园。

当然，我还是只会在一眼望不到边的茶园里行走穿梭，会去淳朴的村民家里坐坐，坐在茶树下发发呆，我觉得那时灵魂离我更近。

The
biography
of
ShenZhen

深圳 传

第十三章

灾害祭

灾难是地球的影子，人类从未摆脱过它。

人与灾难博弈的画卷，构成人类史中悲壮的一章。

人类一直与灾难相伴，不曾远离，无论是水、是火、是病毒，每一次都那么惨烈，毫不留情。灾难面前，个体的生命显得那样脆弱。

也许我们无法杜绝灾难，但我们是否能够在一场又一场灾难中吸取教训，强化记忆，变得聪明起来，并且重新找到人类在大自然中的定位。

火祭清水河

1993年8月5日，对于深圳人而言，绝对是个黑色的日子。

那天下午，时针在两个瞬间颤抖了两次。

1时25分……2时28分……

只有从照片和史册上方能见到的景观，在深圳迭现了。使人联想起广岛。

没有一点预兆，灾难无声而残忍地降临。

当时，在午睡中被惊醒的我赶到现场，在经历了第二次爆炸后，作为记者同时向《深圳特区报》《中国青年报》发稿：《深圳在我眼前爆炸》。

清水河，一个温柔而富于诗意的地名。

但没人想到，在她的怀抱中，酣睡着强悍、暴烈、野性的化学物品，谁也不知道它们什么时候苏醒。硝酸铵！甲苯！金属砷！黄磷！双氧水……贮满10个仓库。距库区南100多米，是1000吨液化气……

下午1时25分，4号仓库的硝酸铵首先发难，那声震耳欲聋的爆炸，半个深圳都可以听到。

13时55分，在泥岗路与红岭路交界，消防车、救护车、警车被困在严重堵塞的车流当中，无奈地喘着粗气。消防队员不断探出身子焦急地观望，汗如雨下。骑着自行车的我反而得以从汽车缝隙中穿行。

通往出事地点的道路已被武警、公安封住，我猛踩车蹬从尚未封死的警戒口冲进去，身后是拿着警棍追来的武警。

泥岗东路以北的小土坡上，可见斑斑血迹。此时在连接外界

那朵狰狞的蘑菇云

与仓库区的灰土路上，不时有伤员被抬出。有相互搀扶踉跄而出的人，个个蓬头垢面，色如锅底，身上沾有浅黄色化学粉末。

到了爆炸现场，只见3辆消防车停在火场边一栋未完工的建筑后，消防队员来回穿梭奔忙。火场西面有排平房，一中年妇女立于家门前，不肯离去。她失神地望着自己的家，手上紧攥着一尊不大的佛像。尽管家很简陋，但面临毁灭，难以割舍。消防队员冲她大吼："还等什么？再不走我们都要死在这里了。"妇人掩面离去。

爆炸位于安贸危险物品储运仓库，此时烈火和浓烟完全吞没了它，爆炸声不断传出，间有碎片射向四面八方，刺鼻的化学药品味弥漫于空气中。

清水河无水。

望着水枪里有气无力的水流，消防干警急得直跺脚。仓库里断续的新

爆炸，使消防车靠近不得，火势一时难以控制。

14时28分，更大的厄运降临了。

因4号仓库首次爆炸的火势蔓延，波及邻近的2号、6号、8号等仓库，引发第二次爆炸，其状更为惨烈。

当时，我只感觉一丝轻风扬起几许尘土，紧接着耳朵突然失聪，现场一时晦暗如黄昏，在场的武警、公安及记者均被排山倒海的气浪猛击倒地。石块、水泥块、碎铁块如骤雨般落下，碗口粗的树干齐腰折断。

天墨如夜。冲天而起的蘑菇云久久地遮住了太阳，在烟尘笼罩的空间里，只听到"乒乓"作响的撞击声和此起彼伏的呻吟。稍定后，现场人员夺路逃向开阔地。有人一见汽车，即毫不犹豫地钻入车肚。远处武警高喊："危险，别靠近汽车！"车肚下的人立即爬出，继续狂奔。在场的消防车、救护车、警车等车辆的挡风玻璃均被震得粉碎。伤痕累累的汽车开始驶离现场。

此时，着火点突然从1个增至8个。

清水河，狼藉的清水河，温柔的臂弯已容不下狂暴的灵魂。

14时33分，蘑菇云尚未消散。硝烟中倒下的50多个消防勇士，被担架抬离现场。救护车呼啸着朝火场外奔去，车上躺着市公安局两位副局长王九明、杨水桐的遗体，笋田派出所副所长曾志德的头颅被狠狠劈开。他们的热血喷洒在守护的焦土上。

深圳的消防力量吃紧，来自广州、东莞、惠州、珠海、佛山、南海、中山、顺德、番禺、清远等兄弟市的80多台消防车和500多名消防队员急如星火般赶到现场。

香港消防处处长乘坐直升机飞临火场观察，降落在国贸大厦圆顶，他在返港后举行的记者招待会上称，深圳大火十分严重，估计至少要焚烧两日以上才可扑灭。

23时，紧张笼罩着清水河。十几米高的火焰吞噬了数千立方米干燥的木柴和煤炭，又张着血盆大口，向240吨双氧水和1000吨液化气罐步步进逼。

清水河武警医院成为现场抢险指挥部，这里刚刚飞来的公安部专家眉头紧锁，经过他们精密的测算，如果现场发生第三次爆炸，那么双氧水、液化气罐将同时爆炸，其当量相当于广岛原子弹的1.2倍，罗湖、福田两区将夷为平地。指挥部里的空气瞬间凝固。

省消防总队副总队长陈建辉提出：在火区与罐库区间铺一条水泥隔离带，也许这是目前唯一可行的办法。然而，实施这一方案，需要调动三千官兵在烈焰中杀开一条血路。

"再想想！再想想！有没有其他更好的方法？"常务副市长王众孚目光焦灼。省市领导们极不情愿做出这种抉择，几千人性命攸关，何况他们都那么年轻啊！

会议室里一片沉寂。王众孚又问一遍："还有没有更好的办法？"沉默。黄华华、张高丽、林祖基等省市领导再一次将征询的目光投向专家们。

外面不断有人进来报告：火焰与双氧水罐的距离已缩短至40米、35米、30米，罐面温度持续升高。

苦心经营14年的中国第一个经济特区难道真要毁于一夜？

省委副书记黄华华脸色严峻："举手表决！"最终方案通过。

子夜。火海决战开始。

铲车首先开掘出数条通往火海的道路。消防队员集中力量，将大量的泡沫喷射向烈焰。

第一梯队的800多名武警官兵最后一次检查了口罩和毛巾，列成纵队，做好了搏击的准备。指挥员向战士们反复交代：务必两人一组，一人倒下了，另一个人扛也要把他扛回来。

一轮清月悬浮在火场上空，偌大的现场，只有火舌呼呼的吞吐声清晰可辨。

0时25分，省边防局副局长苏少军大校发出命令："第一梯队，出发！"言未毕，他的泪已夺眶而出，大步向前跨出。

武警橄榄色的纵队沿着铲车刚刚铲出来的路，向火海深处挺进。6辆白色的救护车紧随其后。

一边是火，一边是随时可能爆炸的罐。战士眼中只有前方，水泥一袋袋被扔下去，没有刀子、剪子，战士们就用手、用牙撕破水泥袋。

双氧水罐边。6位消防队员背朝火场，将手中的水枪射向温度渐高的罐壁，火光将六勇士的剪影映在罐子上，高大而伟岸。

一条白色的水泥地带在毒焰包围中艰难而顽强地延伸着。

火球不断在士兵们的头上爆燃，地上到处是烧得通红的铁条和瓷砖，一不小心踩上去，脚下就会发出吱吱的声音，鞋底立刻被烫穿。最令人难以忍受的还是毒气散出的味道。不少战士都戴了两个口罩，外加一条毛巾，但令人窒息的气味还是一个劲往鼻子里钻，一些体质稍差的战士晕倒了，旁边的同伴立刻架起他们后撤，后面的队伍继续前进。

令人意外的是，第一梯队里居然"混"进了一个老百姓。他叫傅天省，是个理发师。因为长期学雷锋义务给武警战士理发，所以与武警官兵很熟，他死缠住武警指挥官，说无论如何一定要跟他们一道上。磨到凌晨，他终于作为一名编外突击队员，随第一梯队冒死冲进了火海。

深圳市第二建筑工程公司司机魏庆荣，冒死驾着铲车为突击队员开出了那条通往火海的道路。后来他回忆，领导派他去，是因为他驾驶的铲车马力最大。当火焰向他逼近时，他一咬牙："算了，今天我这一百多斤和38万元的铲车，就交给火场了。"

市消防处一共498人，第一次爆炸被抬下来40个，第二次爆炸被抬下来41个，其中12个重伤。

8月6日早晨6时许，疯狂肆虐了16个小时的熊熊大火，终于被遏止住了。一片死寂中，不知谁轻轻说了一句："成功了！"几乎在场的所有人都抑制不住流下了滚烫的泪水。

深圳从劫难中挺了过来，但对灾难的反省方才启动。

8月13日，市委常委会上主要领导痛心自省："爆炸巨响，该震醒我们了！生命高于一切，发展不能离开安全。血的教训，一定要深刻反思，永远记取！"

救灾期间，记者曾多次重返现场。在一片断壁残垣之间，有两个直径20多米、深10多米的大坑，那是两次爆炸分别留下的遗迹。从空中俯瞰，两个浑黄的巨坑像两只眼睛，沉默地凝视着苍天，仿佛在不停地发问。

浑黄的巨坑在发问——

15人死亡、100多人重伤、700多人为之流血，3.9万平方米建筑物毁坏，直接经济损失达2.5亿元。如此惨重的灾难，难道是不可避免的吗？

清水河长期缺水，库区西侧的垃圾处理场曾酿火灾，消防队员因缺水而一度束手无策，库区单位及居民饱受无水之苦，大自然的警告为何长期被忽视？

存放危险品的仓库离商业中心国贸大厦直线距离仅4200米，与人口稠密的住宅区几近相连。1986年规划部门批建清水河仓库为干货仓，为何被移花接木储存进了危险品？

更使人胆战心惊的是，在危险品仓库周围，密布着煤场、木材场、油站、液化气库等易燃易爆的仓储群，这无异于伴虎而眠。这只"虎"是怎么出笼的？

消防战士以命与火相搏

    法规的尊严哪里去了？据查，"8·5"爆炸事故的发生，是因为违反了消防条例、城市规划法、危险品管理条例、化学品管理条例5个法规。出事之前，消防部门曾下过限期整改的通知，但是既没有整改，也未作处理。有法不依、违法不究到了何等严重的程度？

    深圳的目标是要建成一座多功能、国际性、现代化都市，然而，要实现这一目标，我们还有许多问题有待解决：规划、管理、观念……

    浑黄的巨坑仍在朝天发问……

    为了死难者的灵魂得以安息，为了活着的人们拥有幸福和安宁，为了浑黄的眼睛不再怒视长空，这样的天问，需要回答。

    反思过后，必须整改。

    8月8日，深圳市公安局决定采取六项措施，加强易燃易爆危险物品的管理；

    1994年深圳市成立急救中心，并将全市各医院急救电话统一为120，此后数年120急救制度全国实行；

在城市规划管理方面，深圳明确了危险品储存仓库选址不得设在人口密集区域；

1995年，市公安局设立了危险爆炸物品管理科，推行民爆物品分区设库，集中储存制度；

2004年，全面推行爆破工程安全评估制度；

2005年，制定了《深圳市公安局临时存放爆炸物品管理规范》，推行在爆破作业场所实行保安员现场守护的安全措施。

……

"8·5"爆炸成为深圳之痛，每年此日，一批亲历过这次灾难的人们会相约聚集到一起，以各种仪式为这座城市的那个黑色的日子凭吊，也为深圳的明天祈祷。

血色的警告

有句古话"福无双至，祸不单行。"语出《水浒传》，意思就是幸福的事情不会连续的来，而灾难却会接踵而至。

1993年，对于深圳确实非常不友好，火是这一年的灾难主题，8月5日的清水河大爆炸，15人丧生，800余人受伤，震动全国；接近年尾，11月19日，葵冲的港资企业致丽玩具厂发生火灾，死亡87人，伤51人，这也是特区有记录以来最惨重的灾难。

水火无情，其实这一年水也给人带来过灾难，只是因为只伤及个别人，加上资讯极不发达，所以知之者甚少。而我作为记者，亲睹过事件现场，至今不能忘却。

深圳人认为自己离大海很近，却离鲨鱼很远。除了在餐桌上吃鱼翅，却不曾料到鲨鱼可以吃人，因为鲨鱼吃人的事，都是从老一辈那里听来，从国外的电影上看到。

但1993年7月18日，深圳的南澳人确实见到了，而且一日见了两次。

南澳镇西涌海滩是一个天然泳场，所谓天然泳场，说白了就是没人管

鲨鱼在水中静待猎物

理的野海滩。但因为水清、浪静、沙白,所以趋之者若鹜也。

上午10时许,三三两两的游人在半月形海滩上闲散地坐着,上午水凉,泳者甚寡。

福田房地产公司的一群职员正在其间享用着阳光海风的抚慰。女士们因无处更衣,迟迟按兵不动。男人则有些熬不住,受不了海水的诱惑,接连下海好几位。

事情发生得太突然。

目击者说,小杨和两个同伴游在最前面,离岸渐远,距岸将近200米时,一同伴突然发现小杨的头向下一沉,接着岸边高地上的人看见大片鲜红颜色泛起,惊呼:"出事了。"两位同伴拼命游过去,一人抓头发、一人托身子,将小杨救上岸。此时,小杨左大腿与臀部均已无肉,流血过多,急送至南澳镇医院时,已告死亡。

同事说,小杨来自广州,在公司里做厨师。他到深圳刚一年,单位对他表示满意。遇难日恰逢小杨的生日,同事们本想在蓝天碧海之间为他庆生。不料,他下水后竟与同事永诀。

悲剧并没有结束。

下午的事情本不该发生。

约 15 时许，深圳长城计算机进出口公司几位职员也到了西涌海滩。

一小伙 23 岁，脱衣欲下海，岸边渔民纷纷过来劝阻，告知上午刚有人在此被鲨鱼咬死，其状可怖。

年轻气盛的小伙一笑："没事，真有鲨鱼的话更刺激呢。"

他熟练地脱去衣服，换好泳装，跳下海就朝前游去，孰料刚游出 30 米，即不见踪影，岸边数十人焦急地在海面上搜寻。约半小时后，海面上浮起一个东西，那是一叶肺脏。悲剧把人撕裂给人看。

此时岸边的人方隐约可见一道竖起的刀子在海面上游动，无声无息地劈开浪花。少顷，杳无踪影。

同伴和渔民赶紧坐上一只船划过去，从海中捞起那叶漂浮的肺，身体却也遍寻不着。这次遇难的 23 岁的小顾，自北京理工大学毕业后，去年来长城计算机进出口公司做职员。同事称，小顾的工作一直不错，他的遇难令大家深感震惊与悲痛。

约 18 时，众人绝望，伤心离去。

记者采访西涌村时，老渔民说 1949 年以来，没听说过鲨鱼吃人。1946 年，鲨鱼咬死过 3 人，1949 年咬死过 2 人。后来笔者查过史料，从记载上看，最近的一次鲨鱼吃人只在道光年间发生过，是距今 150 年前的事了。而且在方志上只寥寥数句，闪烁其词，语焉不详。1949 年后并无记载。

19 日上午，西涌镇的电话打到报社，告知我经过这两天巡逻观察，发现确有鲨鱼活动，大约有两三条，判断来自香港的西贡海湾。下午将要组织人去海里炸鲨鱼，为死难者复仇，问我要不要采访。我找报社要了一辆车，14 时 20 分赶到西涌海滩，此时泳场已安装防鲨网。镇长李忠强、镇委副书记郭永权已率人整装待发，记者随船去出事现场炸鲨鱼。

海面上，第二名遇难者的事发点，有一浮标系着一只死猪，浮标下是炸药。试图以猪为诱饵，引来嗜血的鲨鱼，然后引爆炸药。记者觉得有点新鲜，颇有伏击小鬼子的感觉。

但一直等了2个多小时，不见鲨鱼踪迹。

镇长表态，这回下了决心，不杀条鲨鱼不甘心。

记者因要赶回发稿，提前离场，此时"爆破手"们仍在耐心地等待。忽然有人哼起一句京剧唱词："打鱼人遍海江，要捕尽恶鲨凶鲸。"

从未受到鲨鱼袭扰的大鹏湾，在鲨鱼连吃二人后，迅即失去平静。

在半道的溪冲工人度假村，记者碰上本埠几家旅游单位的负责人。

溪冲度假村负责人连称倒霉，因为出事的"西涌"与他的"溪涌"异名同声，使有些人误为一处，导致这几天游客减少。其实，西涌在大鹏半岛南端，而溪涌则在大鹏湾深深的怀抱里，相距甚远。尽管如此，溪涌度

装上防鲨网的海滩

假村还是严阵以待，除加强海上与沙滩救护人员巡视外，还增加了船只游弋警戒。新的防鲨网也已在香港订好，即刻到货。

小梅沙的情况也大同小异，游客受恐鲨心理驱使，去者亦大不如前。小梅沙度假村负责人介绍。他们派出23名救护人员在海上巡逻，另有20多名保安在岸上警戒。小梅沙海滨浴场原有一道防鲨网，现准备在外面再加一道。市青少年度假营等处的海滨浴场也已采取防范措施。两青年惨遭不幸，引起各界同情。

溪涌村60岁渔民王广胜接受采访时说，溪涌海滨浴场不会有鲨鱼，因为这片深陷进去的海湾内无多少鱼类，捕鱼都得到离此四十多里的湾口。老人抽着烟笑言："鲨鱼吃人以后，你们记者都来了，其实我们人倒一直在吃鲨鱼呢，鱼翅很贵的。"

此后数日，渔民们仍耐心守候着，只求为冤魂复仇。负责捕鲨事宜的镇委副书记郭永权，天天率人守"猪"待"鲨"，未果。对香港有传媒称该处已捕获一条鲨鱼，郭书记表示，并无此事。

行文至此，恰逢2019年新冠病毒肆虐，让全球第一次同时停摆。学者指病毒原生于蝙蝠，有人吃蝙蝠，以致病毒暴发。于是对于野味究竟是否该吃，所有人开始再一次反思。但希望不止于反思，要见诸行动。因为17年前的非典，我们就反思过一次，非典过去一切如常。

灾难其实一直与人类相伴，从未远离，无论是水、是火、是病毒、是大自然，你怎么对它们，它们就会怎么对你，而且毫不留情。

在灾难面前，个体的生命显得那样脆弱。也许我们无法杜绝灾难，但我们总应在一场又一场灾难中吸取教训，强化记忆，变得聪明起来，并且重新找到人类在大自然中的定位。

The
biography
of
ShenZhen

深圳 传

观念！观念！

第十四章

在人类城市发展史上，不同的时期，总有一些新城异军突起，也有一些老城黯然退出，在犹如潮水般的进退消长中，有些灼灼其华，有些则逐渐被遗忘了。只有那些穿越过漫长岁月的风尘，仍然出类拔萃、呈现卓越的城市，方可称为"伟大城市"。

而成为"伟大城市"，除了它们留下的建筑、街道，更有它们贡献出的城市精神。

观念铸就伟大城市

在人类城市发展史上，不同的时期，总有一些新城异军突起，也有一些老城黯然退出，在犹如潮水般的进退消长中，有些灼灼其华，有些则逐渐被遗忘了。只有那些穿越过漫长岁月的风尘，仍然出类拔萃、呈现卓越的城市，方可称为"伟大城市"。

而成为"伟大城市"，除了它们留下的建筑、街道，更有它们贡献出的城市精神。

2012年有一本书影响巨大，这本书叫《城市的精神：全球化时代，城市何以安顿我们》，加拿大贝淡宁和以色列艾维纳是牛津大学的政治学博士，他们从耶路撒冷到纽约，从北京到香港，漫步在世界名城的街头巷尾，寻找城市精神的内在奥秘。他们认为："真正伟大的城市，能够给人以尊严和好的生活。"而且"每一座城市，都有属于它自己的独特气质"。他们援引诗歌与传说，对照政经史地与现况，与城市居民对话闲谈，从中归纳出他们认为的城市气质，如纽约"抱负之城"，耶路撒冷"宗教之城"，柏林"宽容之城"、巴黎"浪漫之城"、牛津"学术之城"、北京"政治之城"、香港"回归之城"等。城市之间不仅以建筑和物质外观区分开来,而且以独特的习性和价值观而形成差异。人们为了生活而来到城市,为了更好地生活而留在城市,城市不仅要成为人们的生存空间,更要担负起安顿人们心灵的重任。

很多人既惊讶于深圳崛起,又对崛起背后的秘诀甚感兴趣,那么深圳为什么能崛起?它最大的财富是什么?是摩天大楼林立?是巨大的GDP?是无处不在的机会?

2010年8月,在深圳经济特区建立30周年之际,一位名为"为饮涤凡尘"的网友发表了一篇题为《来深十八年,再回忆那些曾令我热血沸腾的口号》的帖子,一石激起千层浪,引起深圳全城共鸣。

深圳报业集团顺势而为,启动了"深圳最有影响力十大观念"评选活动。广大市民踊跃参与,经过几轮评选,从海选出的103条"深圳观念"中筛选出30条。然后在报纸上全民投票,最终,市民与专家共同评选出"深圳最有影响力十大观念"。其中"时间就是金钱,效率就是生命""空谈误国,实干兴邦""敢为天下先"三个观念均获全票,可谓反映了广大民众的心声。2016年6月,深圳评选"十大文化名片","十大观念"再度高票当选,足见其在深圳的地位和影响非同一般。

至此,人们猛然醒悟,这座城市的最大财富就是它的"观念",是以"十大观念"为代表的城市精神,这种精神最终改造了城市的整体气质。

时任市委常委、宣传部长王京生提出了城市发展的"三段论":拼经济、拼管理和拼文化。而内涵丰富的"深圳十大观念"则贯穿、覆盖了这三个阶段的全过程。

在拼经济方面,深圳人提出了"时间就是金钱,效率就是生命""空谈误国,实干兴邦""敢为天下先"等观念。这些观念犹如春雷,点燃了蛇口的开山炮,催生了新中国第一张股票,敲响了土地拍卖第一槌。它们

被全民票选出的"深圳十大观念"

标志着改革开放的兴起和中国社会主义市场经济的破壳,代表着深圳精神的孕育和诞生。

在拼管理方面,深圳人先后提出了"鼓励创新,宽容失败""改革创新是深圳的根,深圳的魂""深圳与世界没有距离""来了就是深圳人"等观念,体现了深圳对外开放的博大心胸和海纳百川的包容精神。为打开中国改革开放的窗口,为建设现代化、国际化先进城市的体制创新提供了广阔空间。

在拼文化方面,深圳人率先提出了"让城市因热爱读书而受人尊重""实现市民文化权利""送人玫瑰,手有余香"等观念,显示了深圳人的文化自觉、自立、自信和自强,为城市的爆发性增长转向持续性增长,由数量性扩张转向质量性提升,注入了源源不断的文化动力。从2000年起,深圳每年11月的读书月都会让城市卷入强劲的阅读风暴,此时到深圳的人,都会被不自觉地裹挟进去。中心书城二楼有家"24小时书吧",自2006年11月开业至今,不打烊、不熄灯,为阅读点亮一座永不熄灭的灯塔。很多市民会在深夜走进这里,点一杯咖啡,捧一本新书,让书香和

市委门前的孺子牛铜雕

咖啡香在星光下完美地融合。

文化在深圳后二十年的登场，彻底改变了这座城市的内在气质，而文博会、创意12月、莲花山草地音乐节等绵延全年的文化节庆活动，都让曾经的"淘金之城"获得了真正意义上的凤凰涅槃。

如果说邓小平"南方谈话"是改革开放理论的领袖版，那么"深圳十大观念"则是深圳人进行改革开放实践的大众版。

如果深圳仅凭经济上的奇迹，也许只能被视为一个成功的城市，人们也许会羡慕它，习惯性地投奔它，然后赚一把就走。但是有了这些影响深远的观念，人们便选择留在这里，与它共生。

与此同时，深圳也便获得了迈向伟大城市的底气与资格。

2019年，深圳再出发

2019年，围绕深圳有两件大事发生。

年初一件，年中一件。

2月18日，《粤港澳大湾区发展规划纲要》在翘首期盼中正式发布，这距"粤港澳大湾区"设想的提出已经过去了三年，这份对湾区发展具有纲领性、基础性的文件，让粤港澳大湾区具有了法律上的地位，而不再仅限于专家的研究报告和论坛上的热议话题。

粤港澳大湾区由11个城市组成，港澳两个特别行政区加上广东的九个城市，即通常所说的"9+2"：香港、澳门、广州、深圳、珠海、佛山、肇庆、东莞、惠州、中山、江门。土地面积合计约5.6万平方公里，比纽约、旧金山和东京三个湾区的面积总和还大。

粤港澳大湾区仅凭借占比0.6%的国土面积，贡献率占全国GDP总量的12.57%，是中国最具经济活力的湾区。

在这个被寄予无限希望的大湾区中，深圳处于极为重要的核心节点上，有人把大湾区形象地比喻为"三套车"，香港、广州、深圳三匹骏马

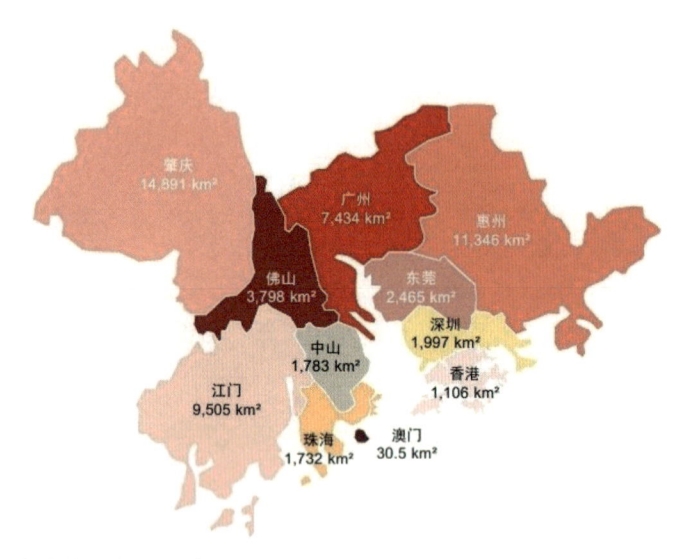

粤港澳大湾区11城面积比较图

带动着广东这驾大车向着大洋以外飞奔。

深圳已经四十而立，但有专家认为今天的深圳还远不是这个年轻城市的巅峰状态，在"十三五"的顶层设计下，它还肩负着更多的使命。

"三十年河东，三十年河西"，这个比方用在深圳和其他城市之间再贴切不过了，这个当年即使在广东也属末座的"差生"，如今已经成为举世瞩目的"模范生"，2019年深圳的GDP接近2.69万亿元，继几年前超过广州之后，首次超过香港。如果从增速来看，深圳的增速最快，广州其次，香港去年已经负增长。"三套车"中，深圳已然一马当先，这意味着深圳有史以来第一次成为华南地区经济总量最大的城市，也第一次成为仅次于上海、北京的"大中华区"第三城。

在中国向全球经济第一大国冲刺的过程中，深圳将扮演内地与全球经济新的"超级联系人"角色，并且越来越具备粤港澳大湾区"轴心城市"的条件。

深圳人见面时常会用一句话开场:"你是哪年闯深圳的?"在国内惯用"闯"这个字眼的似乎只有以前的"闯关东","闯关东"和"闯深圳"都是民族大迁徙,都是被迫选择的一次铤而走险,并且都从困顿里闯出了一片天。一个"闯"字,既带有果敢,也有无奈,还有辛酸,不到绝境谁会冒险闯荡异乡。

这些闯深圳的人,梦是他们的唯一行李,这些人里有普通人,也有从普通到不普通的人。腾讯的马化腾,1984年跟着父母来深圳,从深大毕业后和几个小伙伴创办了一个小软件公司,未曾想这个小公司成了全球500强;平安保险的马明哲,把最初13个人的公司带进了世界500强,成为中国的三大综合性金融集团;华为的任正非,被一家大型国企开除,处于中年危机时创办了华为公司,成为全球第一大电信设备商,进入世界500强;比亚迪的王传福,被称为"技术狂人",当他从生产手机电池转向生产电动汽车时,没少听到嘲讽之声,但他硬是让比亚迪成为纯国产汽车品牌的代表之一。

无数和他们一样的深圳人,来到这块充满希望的田野,重新规划自己的人生,开创自己的基业,实现自己的梦想。无数人的梦想,汇成了瑰丽多彩的"深圳梦"。

"深圳梦"并无止境,它在超越了身边的伙伴们之后,也把视野投向了更广阔的世界。

好风凭借力,送我上青云。

1979年的"东方风来满眼春"孕育了深圳,此时,深圳需要另一阵好风。

好风在四十年后再度吹到。

2019年8月18日,《中共中央 国务院关于支持深圳建设中国特色社会主义先行示范区的意见》正式发布,深圳再一次迎来高光时刻。

俯瞰"前海自贸区"

深圳领受了新的使命：从"经济特区"迈向"先行示范区"，这不仅是表述上的差异，更是目标上的提升，而且是一次本质上的飞跃。"经济特区"主要任务是在经济领域的突破，而"先行示范区"就较以前要开阔得太多。

究竟要"先行示范"些什么呢？归纳起来有五大战略定位：高质量发展高地、法治城市示范、城市文明典范、民生幸福标杆、可持续发展先锋。这五大定位意味着深圳未来将在政治、经济、社会、民生等方面进行全方位探索，成为中国的典范城市，并进而成为全球的城市标杆。

深圳已经为此准备了很久。

从2003年开始，深圳市就对国有企业进行了大刀阔斧的布局调整，国有企业纷纷从商贸、流通、物流等领域退出，进入到了公共服务领域。

原深圳市副市长张思平很骄傲地说："我们退出了工业领域，成就了深圳，成为全球的现代制造基地；我们退出了科技领域，成就了深圳，成为全球高科技产业的创新中心;我们退出了国贸流通领域,成就了深圳,成为亚太地区最重要的商贸物流中心;我们退出了建筑施工领域,深圳的一座座现代化大厦拔地而起,同时诞生了像万科这样的超级地产公司。"他所说的"我们",指的就是国有企业。

而国有企业全面进入了公共服务领域,它们的表现也非常亮眼。"深圳提供了全国最好的燃气供应、最好的地铁、最好的公交以及最好的航空站。"这位前副市长如是说。

今天的深圳依然是中国经济成长最快的城市,但是这里并没有规模巨大的国有企业,或者效益最好的国有企业,却有国有经济存在的最佳方式。在深圳,市场在资源配置中起决定性作用;在深圳,华为、腾讯、大疆、比亚迪、恒大、平安、招商等民营和股份制企业是经济发展的主力。市场经济在这座城市,不再是一个纸上的概念,而是渗透到各个生活领域的存在,处处都能看到市场这只"无形的手"。

站在新起点上,深圳改革再出发,朝着竞争力、创新力、影响力卓著的全球标杆城市前行。

作为后发城市,深圳还有一个独特的优势,即人口结构相对年轻,目前这个城市的人口平均年龄只有33岁,老龄化率仅为6.6%,远低于北京、上海、广州和香港。年轻的深圳在未来要充当粤港澳大湾区发展的核心引擎,带动周边城市形成集群发展。

前海,静静地横卧在南山半岛的西部,与蛇口一山之隔,与零丁洋隔海相望。作为"前海深港现代服务业合作区",这里被定位为未来整个珠三角的"曼哈顿",并成为新世纪城市规划中深圳"双中心"之一的"前海中心"。

2010年以前,这里还是一片滩涂,首任前海管理局局长郑宏杰回忆时打趣道:"当年让我来当局长时,我都不知道它在哪儿。"如今从空中俯

深圳以梦为马飞翔于创新的蓝天

瞰，前海 18 平方公里的土地上聚集了东亚银行、新世界、周大福等香港知名企业；前海蛇口自贸城、前海国际金融城、香港现代产业城从规划蓝图渐次成为现实；片区注册企业数量从 2012 年的 5215 家增长至 2019 年的超过 17 万家，前海蛇口片区已成为我国发展最快、效益最好的区域，经济新动能充沛。正在成为深圳建设现代化、国际化城市的新地标。

深圳一直是个梦幻之城，它因改革开放而生，必将因改革开放而永生。

深圳还将以梦为马，继续飞翔于创新的蓝天。

后 记

我在深圳生活了 27 年，比我在故乡以及任何一座城市都要待得久，几乎占去了我生命的一半。从某种意义上，我是和深圳一起成长的，对这座城市的街道、建筑、风景都格外熟悉，每次从外地飞回来，一走出深圳机场，便能闻到那种特有的海洋城市气息，毛孔瞬间都会张开，无论多么疲惫，立时舒坦起来。

2018 年岁末的一天，我接到了一个北京的电话，电话那头是艺术史学者刘传铭教授，刘教授是我敬仰的人文学者，学问横跨文史艺术，虽从未谋面，但因同属皖籍，所以对这位乡贤前辈一直颇有关注。文人以字结缘，认识不论早晚。刘教授在电话中约我写一本《深圳传》，让我大感意外。我知道他主编了一套庞大的"丝路百城传"，创造性地为丝绸之路上的重要城市立传，这套书的作者阵容强大，大都是本地的代表作家，每出一本都成为出版界和读书界的盛事。所以当刘教授把为深圳作传的任务交给我时，我确实有点诚惶诚恐，生怕辜负了他，更怕辜负了一座城市。

此前一年，我应商务印书馆之约曾主编过一本《微观深圳》，加上自认对这座城市了解甚深，所以接完任务还是颇为自信的。但进入资料整理尤其动笔后，才发现这是一次彻底的冒险，每一脚都是地雷和陷阱。也许这座城市发育得太快，匆忙的成长中无暇顾及记录自己的历史。不用说古代史籍记载寥若晨星、语焉不详、出处单一、孤证居多，即使是改革开放以来的当代史，也同样草蛇灰线、各执一词且无权威认定。所以当我怀揣提纲信心满满地去图书馆、档案馆、博物馆查资料时，彻底傻眼了，浩如烟海的史料中，深圳在哪里？有时费尽心力打捞出一块碎片，便欣喜若狂。

举例而言，深圳究竟有多少条河流？干流、支流各几条？每条长度多少？源头何来、流向何方？资料众说纷纭，并且常常互相打架。我也曾顺着深圳河一路探寻，试图廓清这条母亲河的真相。由衷感谢深圳水务集团的张志峰兄，他给予我无法替代的帮助，有些数据前后矛盾，他帮我亲自去踏勘核实，然后发来实况照片。每每向他致谢，他只说"举手之劳而已"，而我深知这种"举手之劳"背后有何种艰辛。

类似这样的例子太多了，当我遇到一些史料上的甄别和疑问，会常常骚扰各界的专家。深圳市文物考古鉴定所研究员张一兵兄、民俗学者廖红雷老先生都曾以他们的专业知识为我把关；我的老友资深报人刘深兄，远在北京出差，依然不厌其烦地和我讨论一些历史细节以及表述。

特别要感谢新星出版社的几位同仁，马汝军社长对书稿的布局、内容都提出了颇有见地的意见，彭明哲总编也为本书如何更好地面向读者仔细盘桓，尤其是责任编辑简以宁女士，她从结构、目录到篇章、文风，都有清晰的把握，我们的沟通一直如沐春风。

还要感谢摄影家海国梁兄，我和他的友谊始于上世纪八十年代，他曾是国内著名的人像摄影师，后来南下特区，做起影楼老板，自己也很少抓相机了，但为了这本书，他决定重操旧业，这本书的封面就出于他之手；

此外书里还用了一些摄影家朋友的照片，如刘廷芳、余海波、李伟文、姜禹安等好友，都已是新闻摄影界的翘楚，长期用镜头记录着这座城市；还有张小惠、阙永福、何耀华、熊珏珺、郭颂、韦洪兴等，他们的照片都让我惊艳，当一个个历史瞬间飞进我的字里行间，这本书的颜值自然显著提升。还有些历史照片一时难以联系到摄影者，无法尽谢，但心存感激。还有我的徒弟伍呆呆，她是作家，又是广东人，比我来深圳更早，所以涉及语言、民俗方面的难题便要向她求证，书里同样有她的心血。

当然我最想感谢的，还是深圳，如果没有那些波澜壮阔的历史，如果没有那些匪夷所思的传奇，便没有这本书的骨骼血肉，甚至那些曾经折磨过我无数次的困难的细节，也无一不成为本书给予读者的阅读营养。

修改书稿时，恰逢新冠肺炎病毒全球肆虐，居家改稿，再回看一座城市乃至家国的历史，那些波澜曲折、生死磨难，更让人感慨万千，唯每日发愿祈祷。

愿深圳平安！愿中国平安！愿人类平安！

胡野秋

2020 年 3 月 31 日

深圳湾大桥看深圳

图书在版编目（CIP）数据

深圳传：未来的世界之城 / 胡野秋著. —— 北京：新星出版社，2020.7（2020.9重印）
（丝路百城传）
ISBN 978-7-5133-4038-0

Ⅰ.①深… Ⅱ.①胡… Ⅲ.①城市文化 – 研究 – 深圳 Ⅳ.①K296.53

中国版本图书馆CIP数据核字（2020）第074777号

出版指导：陆彩荣
出版策划：彭明哲　简以宁

深圳传：未来的世界之城
胡野秋　著

责任编辑：简以宁
责任校对：刘　义
责任印制：李珊珊
装帧设计：冷暖儿

出版发行：新星出版社
出 版 人：马汝军
社　　址：北京市西城区车公庄大街丙3号楼　　100044
网　　址：www.newstarpress.com
电　　话：010-88310888
传　　真：010-65270449
法律顾问：北京市岳成律师事务所

读者服务：010-88310811　　service@newstarpress.com
邮购地址：北京市西城区车公庄大街丙3号楼　　100044

印　　刷：天津图文方嘉印刷有限公司
开　　本：660mm×970mm　　1/16
印　　张：21.75
字　　数：280千字
版　　次：2020年7月第一版　　2020年9月第四次印刷
书　　号：ISBN 978-7-5133-4038-0
定　　价：89.00元

版权专有，侵权必究；如有质量问题，请与印刷厂联系调换。